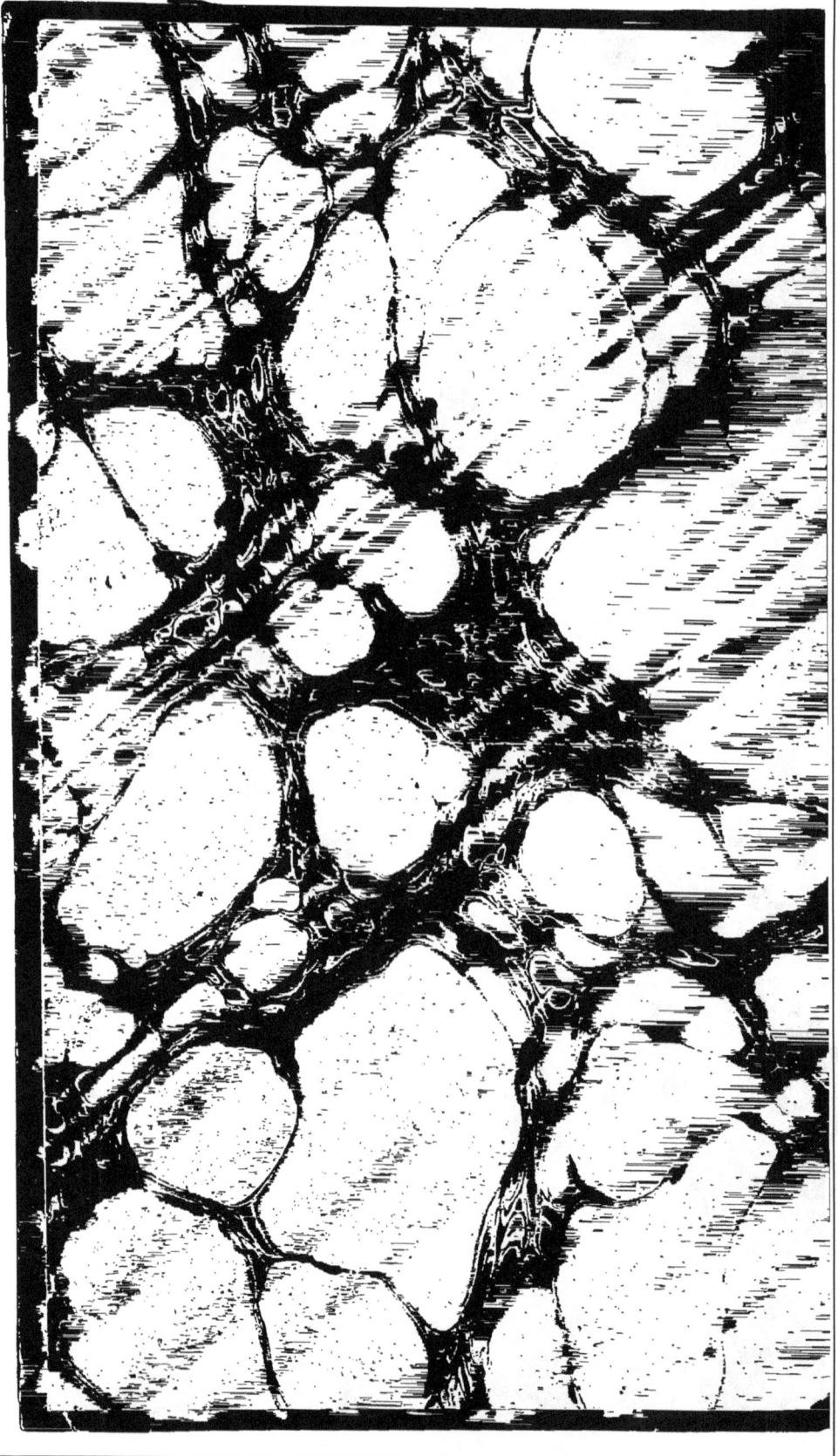

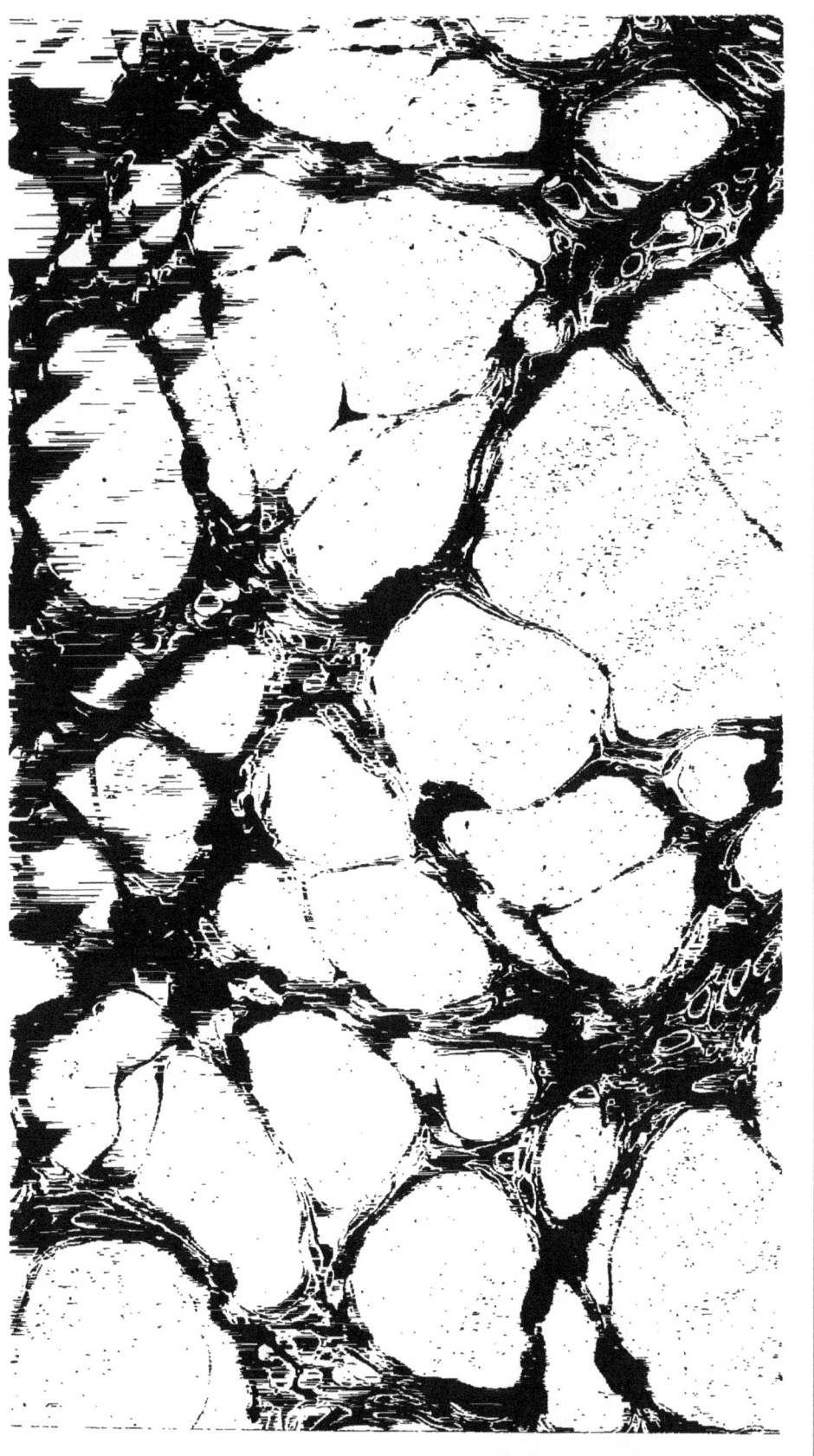

UN TOURISTE

EN ALGÉRIE

PARIS — IMPRIMERIE DE H. FOURNIER ET Cᵉ
7 RUE SAINT-BENOÎT

UN TOURISTE
EN ALGÉRIE

PAR

LE Dr PROSPER VIRO

> Voir c'est avoir. Allons courir !
> Vie errante
> Est chose enivrante.
> Voir c'est avoir. Allons courir !
> Car tout voir, c'est tout conquérir.
> — BÉRANGER.

PARIS
PAUL MASGANA, LIBRAIRE-ÉDITEUR
12 GALERIE DE L'ODÉON

1853

On a beaucoup écrit sur l'Algérie : mais, chose étonnante, cette contrée si pittoresque et si riche de souvenirs, cette terre si digne d'études et si belle, soit au flambeau de l'histoire, soit au reflet du jour oriental qui l'éclaire, que nous a-t-elle inspiré jusqu'à présent, si ce n'est, sauf quelques exceptions trop rares, de sérieuses élucubrations, de graves projets de colonisation et d'industrie, de sanglants récits de batailles?

N'y aurait-il déjà plus à respirer, en

Afrique, que l'odeur de l'asphalte ou celle de la poudre ? L'industrialisme moderne et le génie de la politique ou de la guerre y auraient-ils donc tué la poésie ?

Non, sans doute. Au reste, c'est bien moins pour le prouver par lui-même que pour appeler nos littérateurs et nos poëtes à le démontrer, à leur manière, que l'auteur de cet opuscule entreprend de raconter ici ses impressions en Algérie. Ce livre n'est donc ni d'un industriel, ni d'un guerrier, ni même d'un littérateur ou d'un poëte proprement dits, et moins encore d'un docteur : c'est le journal d'un touriste, d'un amateur de la nature et des voyages, qui, bien que le cercle de ses excursions antérieures ait été, relativement, fort restreint, a cependant assez vu pour apprendre à bien voir. Ajoutons que, cette fois, accompagné d'un de nos statuaires les plus distingués, d'un observateur non moins digne du rang qu'il occupe, par la finesse de son coup d'œil, que par l'habileté de son ciseau, ce contact dut avoir, entre autres avantages, celui d'assurer aux jugements artistiques de l'écrivain l'utile contrôle du goût exercé d'un artiste.

En voilà assez, je pense, et sur l'auteur, et sur le poëme, pour qu'on veuille bien ne pas refuser, en abordant cette lecture, un peu de confiance à l'un, un peu d'indulgence à l'autre.

TABLE DES SOMMAIRES.

PREMIÈRE PARTIE.
De Paris à Alger.

I. — Départ. — Route de Paris à Lyon par le Bourbonnais. — Le Chemin de fer. — Orléans. — Gien. — Briare. — Moulins. — Roanne. — Tarare. — Arrivée à Lyon.. 15

II. — Lyon. — Départ de Lyon. — Navigation sur le Rhône. — Les brouillards. — Les bancs de sable. — Arrivée à Avignon. 26

III. — Avignon. — Route d'Avignon à Toulon, par Aix. — Toulon. — La villa du professeur C., à Lamalgue. — De Toulon à Marseille. — Marseille...................... 31

IV. — Embarquement. — *Le Charlemagne.* — Le mal de mer — Les îles Baléares. — Le salon du *Charlemagne*. — Le lever du soleil. — La vue des côtes d'Afrique. — Souvenirs historiques. — Le déjeuner à bord. — Vue d'Alger. — Débarquement. — Les Costumes........................... 37

DEUXIÈME PARTIE.
Alger.

Première Journée. — Les rues d'Alger. — Les Maisons mauresques. — L'Hôtel du Nord. — Le faubourg Bab-El-Oued. — Les chants nocturnes des Mueczins.............. 57

Deuxième Journée. — Les Drapeaux marocains. — Le Palais du gouverneur. — La sieste. — Les Omnibus d'Alger. — Le

— X —

faubourg Bab-Azoun. — Le Café des Platanes. — Le Jardin d'essais. — La Place du gouvernement............... 65

Troisième Journée. — Les Mosquées. — Le Jardin des Condamnés. — L'Hôpital du Dey...................... 75

Quatrième Journée. — La Poste aux lettres. — Jours des départs pour la France et le littoral. — Le Bazar d'Orléans. — Mustapha inférieur et Mustapha supérieur. — Le Couvent du Sacré-Cœur. — Déménagement. — Les Nuits d'Alger. — Les Moustiques.................................... 82

Cinquième Journée. — Les lettres de recommandation. — L'Amiral. — Monseigneur Dupuch. — Le général de B***. — Le maréchal Bugeaud. — Une Soirée au théâtre d'Alger... 93

Sixième Journée. — La Cathédrale d'Alger. — Une Revue au camp de Mustapha. — Une *Fantasiah*. — Départ d'une colonne pour Dellys.................................. 97

Septième Journée. — Une Visite chez le colonel Yusuf. — Les nouvelles constructions du faubourg Bab-Azoun... 108

Huitième Journée. — La Kasbah. — La Maison du commandant D***. — La Porte *neuve*. — L'Hôpital Tagarrin. — La nouvelle enceinte d'Alger. — La ville arabe. — La Mairie. 113

Neuvième Journée. — Un Bain maure. — Un Harem.... 124

Dixième Journée. — Le buste du maréchal Bugeaud. — Voyage à Blidah. — Les environs d'Alger. — Dély-Ibrahim. — Douéra. — La Mitidja. — Bouffarick. — Les Blokhaus. — Le sergent Blandin. — Béni-Méred. — Blidah. — Les Spahis et les *Turcos*. — Les souvenirs de Blidah. — La ville actuelle et ses environs. — Le muletier Abd-el-Kader............ 131

Onzième Journée. — Départ pour Médéah. — La caravane. — L'Oued-el-Kébir. — La Chiffa. — Le Mouzaïa. — La coupure de la Chiffa. — L'orage. — Les chutes en montant le Nador. — Médéah. — Une confirmation à Médéah............ 145

Douzième et Treizième Journées. — Retour à Blidah, puis à Alger.. 155

— XI —

Quatorzième Journée et jours suivants. — Le far-niente. — L'arsenal et la jetée. — La villa du maréchal. — El-Biar, Birkadem, etc. — Un bal chez le maréchal. — Départ du duc d'Aumale. — Le lieutenant général Bedeau. — La fin du Rhamadan.. 157

TROISIÈME PARTIE.

Voyage à Constantine.

I. — *Le Cocyte.* — Déjeuner à bord. — Départ. — Dellys. — Bougie. — Le gros temps et le mal de mer. — Jigelly. — Le golfe de Stora. — Stora et Philippeville vues de la mer. — Débarquement. — Philippeville. — L'hôtel de la Régence. — Les mulets messagers........................... 167

II. — Départ de Philippeville. — Le Convoi. — Le chemin d'El-Arouch. — La halte. — Maladie du général B. — L'arrivée au camp d'El-Arouch. — Le Camp. — L'hôtel du Pauvre Diable. — Les *Zéphyrs.* — Une représentation théâtrale. 184

III. — Départ d'El-Arouch. — Une voiture *Masson.* — L'escorte de Bédouins. — Le camp des Tourniettes. — La légion étrangère. — Les travaux de la route. — L'arrivée au camp du Smendou. — Le Camp. — L'auberge. — Le sirocco. — Un dîner joyeux. — Une nuit orageuse................. 195

IV. — Départ du Smendou. — Plaines arides. — Encore le sirocco. — Un beau point de vue. — Un camp de travailleurs. — Constantine vue de loin. — Le pont d'Aumale sur le Rummel. — La montée de Constantine. — L'escorte du général. — L'arrivée.... 205

V. — Un souvenir de la patrie. — L'église de Constantine. - La brèche. — Le palais d'Achmet-Bey.................. 213

VI. — Le quartier commerçant. — Encore la brèche. — Le nègre et les serpents. — Le Rummel traversé à gué. — Le Mansourah. — Constantine vue du Mansourah. — Le Pont El-Cantara. — La Porte d'*El-Cantara.* — La mosquée. — Le bazar. —[Le plan de Constantine en relief. — L'hôpital. —

L'artillerie. — Vue du ravin. — Le temple romain. — La citerne. — Encore le palais de Constantine.......... 247

VII. — Un excès de couleur locale. — Descente dans le ravin. - L'eau thermale. — Le tableau d'Horace Vernet. — Les moulins. — Les cascades du Rummel. — Le Coudiat Aty. — Les adieux. — Une sérénade mauresque............... 228

VIII. — Retour de Constantine. — Le Convoi. — La pluie. — Le colonel T. — Déjeuner au camp du Smendou. — Le chacal. — Les rouliers kabyles. — Arrivée au camp d'El-Arouch.. 233

IX. — La ferme d'El-Arouch. — Départ. — Le chemin de traverse. — Un douair. — Le bois d'oliviers. — Le blokhaus historique. — La poste aux lettres. — Rentrée dans Philippeville. — L'hôtel de Paris........................ 241

X. — Echec de Dellys. — Retard du bateau à vapeur. — Les ruines romaines de Philippeville et de Stora. — *Le Ténare* arrive de Bone. — Départ.— Une mer houleuse. — Jigelly. — Bougie. — Le brick perdu. — Récits à bord. — Les feux des bivouacs français. — Dellys et ses blessés. — Une mer calme. — Retour à Alger................................. 247

QUATRIÈME PARTIE.

Alger et Retour en France.

I. — Joies du retour. — Repos. — Promenades dans Alger et hors d'Alger. — Le Boudjaréah. — Les sacrifices au bord de la mer.. 263

II. — Apprêts du départ. — *Le Labrador*. — Embarquement. — Départ d'Alger. — Adieux à l'Afrique. — La traversée. — Encore le mal de mer. — La musique à bord. — Le mistral. — Égarement. — Arrivée à Marseille. — Retour à Paris. 271

Notes... 285

PREMIÈRE PARTIE

DE PARIS A ALGER

VOYAGE EN ALGÉRIE

PREMIÈRE PARTIE.

De Paris à Alger.

I.

Départ. — Route de Paris à Lyon par le Bourbonnais. — Le Chemin de fer. — Orléans. — Gien. — Briare. — Moulins. — Roanne. — Tarare. — Arrivée à Lyon.

Voyager, courir la campagne,
Gravir les rocs, fendre les eaux,
Gambader par monts et par vaux,
Quand la gaîté nous accompagne,

Quelle source de longs plaisirs !
Quel bonheur digne qu'on l'envie !
Doux passe-temps, féconds loisirs,
Qui sèment par avance, au gré de nos désirs,
D'impérissables fleurs le déclin de la vie.

Pour ma part, j'ai plus d'une fois
Savouré cette aimable ivresse :
La compagne dont ma tendresse
Avec ardeur subit les lois
A mes goûts toujours s'associe ;
Avec elle, heureux pélerin,
J'ai vu Bade, les bords du Rhin
Et les glaciers de l'Helvétie.
Nous avons ensemble exploré
Notre sol bien souvent du touriste ignoré ;
Nos pas ont résonné sur vos gothiques dalles,
Rouen, Bourges, Dijon ! visiteurs studieux,
Nous avons salué vos monuments pieux,
Ou vos ruines féodales ;
Et puis Vichy, Néris, Plombières, le Mon'-Dor,
Nous ont de leurs bienfaits épanché le trésor ;
Nous avons vu la Loire aux rives fortunées,
Et, le bâton en main, au sein des Pyrénées

Escaladé d'un pied hardi
La Brèche de Roland et le Pic du Midi.
    Plus tard, émerveillés d'avance
Des splendides débris que garde la Provence,
Et pressés de poursuivre un plus large chemin,
Nous avons dirigé nos pas vers l'Italie,
Terre de souvenirs que jamais on n'oublie,
Tombe à jamais sacrée où dort le nom romain.
Sous nos regards alors, et je les vois encore
    Comme un rêve fascinateur,
Ont passé tour à tour ces villes que décore
Ou l'art, brillant linceul dont l'éclat les colore,
Ou des temps reculés le prestige enchanteur :
Ainsi Milan, Padoue et Venise *la belle;*
Gênes, Pise, Florence, et celle qui s'appelle
    La reine de tout l'univers;
Et Naples sa voisine aux bosquets toujours verts;
Enfin, dix-sept cents ans sous la lave endormie,
Pompeïa qui s'éveille, étonnante momie,
Et revoit son beau ciel de ses yeux entr'ouverts.

    Mais voici qu'une autre tournée,
    Après les labeurs d'une année,
S'offre à nous, qui sera sans doute couronnée

Par plus d'un joyeux incident :
Voulant fuir de Paris les brumes continues,
Nous allons, sous un ciel ardent,
Parcourir l'Algérie aux terres moins connues ;
Tout nous sourit, et cependant
Une triste sollicitude
Assombrit ce départ ; inquiets, nous pensons
Aux bons amis que nous laissons,
A notre sœur surtout chez qui la solitude
Peut enfanter bien des douleurs,
Et dont l'adieu cruel est arrosé de pleurs.

Aussi, quand succédant au classique attelage
Que Laffitte bientôt doit léguer au roulage,
Sûr les rails d'Orléans la rapide vapeur
Nous emportera dans l'espace,
Quand nous verrons l'objet qui passe
Fuir, comme aux cieux ce feu trompeur
Qui tout à coup brille et s'efface ;
Ces wagons effrénés, ce tourbillonnement,
L'irrésistible entraînement,
Les soupirs haletants de la locomotive,
A peine tout cela va charmer un moment
De notre âme méditative

L'anxiété rétrospective,
Et le muet recueillement.

C'est pourtant un spectacle intéressant, bizarre ;
Je dis plus, il saisit l'esprit et l'accapare,
Ce procédé si merveilleux,
Ce système nouveau que l'homme substitue
Au mode de voyage admis chez nos aïeux
Que partout il remplace et tue.
Voyez ce mouffle ingénieux
Sans secousse, sans bruit, isoler des essieux
Et faire ainsi voguer suspendus dans les cieux
Voyageurs et messagerie,
Étrange aérostat, tronçon disgracieux,
Que le wagon bientôt reçoit et s'approprie ;
Tandis que, près de là, chevaux, brancards, moyeux,
S'en retournent à l'écurie.

Associés à notre sort,
En même temps que nous avaient pris leur essor
Notre *royale* sœur que, rivale jalouse,
Nul avant la vapeur ne brava sans dangers,
Les wagons d'Orléans, Limoges, Tours, Angers,
Enfin Bordeaux, La Rochelle et Toulouse.

Effroyable convoi, reptile monstrueux,
Il court comme un dragon, à la gueule enflammée,
Vomissant devant lui des torrents de fumée,
Et déroule en sifflant ses anneaux sinueux.

Moins d'une heure et demie après que la barrière
Eut ouvert devant nous l'entraînante carrière,
Tout s'arrête, et pareils à des flots comprimés,
    Voici que de chaque portière
Les voyageurs soudain et par ordre affamés
S'élancent aux buffets d'une immense cantine.
Là bouillons, pâtés froids, saucissons, galantine
Et mille autres morceaux avec art étalés,
Sont instantanément vendus, pris, avalés,
Avec plus de sabbat, de trouble et de désordre
Que tigres ou lions, par le sang stimulés,
N'ont mis dans leurs combats de fureur à se mordre.
Tel est le déjeuner; et gardez d'y surseoir,
    Il faut ici vous lester jusqu'au soir.
Quelle pause bon dieu! dix minutes à peine!
Et d'un jet de vapeur, comme un rire infernal,
L'impatient chauffeur fait vibrer le signal :
Rassasiés ou non, la bouche vide ou pleine,
On court, on se rassied, essoufflés, hors d'haleine;

La fougueuse vapeur a redoublé son cri,
Et, laissant près de nous la tour de Montlhéry,
De notre vol de feu nous dévorons la plaine.

Avant midi, nous touchions Orléans.
  Pour plus de cent vingt kilomètres,
Trois heures! n'est-ce pas un trajet de géans?
  Si nous en eussions été maîtres,
  J'aurais voulu rester céans
  Assez du moins pour revoir celle
Qu'Orléans nomme encor son illustre Pucelle;
La belle cathédrale au gothique fleuri;
  Ta demeure immortalisée,
Charmante Agnès Sorel! le curieux musée,
  Et Notre-Dame de Cléry.
Mais notre chef nous presse, il veut être en demeure
D'arriver à Lyon pour la trente-huitième heure,
Ses instants sont comptés, et les plus courts délais
Coûteraient à sa bourse une sévère amende;
Aussi vous allez voir comme à chaque relais
Contre les postillons il s'emporte, il gourmande.

Et déjà nous voici replacés sur le train
Qui se fixe aux caissons par des écrous d'airain,

Cinq chevaux vigoureux vont bientôt, ventre à terre,
Ébranler d'Orléans le pavé solitaire,
    Et jusque à Gien, plus fou que la vapeur,
Un galop foudroyant nous saisira de peur.
D'ailleurs rien de nouveau : la route large et neuve
Nous fera sans malheur supporter cette épreuve;
Triste route où personne, à part le cantonnier,
Ne distrait nos ennuis, pas même le roulier
Avec ces chariots que de loin on se montre
Égrugeant le silex du poids de leurs fardeaux,
Où les toits espacés que parfois on rencontre
Au passant fatigué tournent encor le dos.

C'est à Gien que finit cette longue traverse;
Gien, beau de la fraîcheur que la Loire lui verse,
    Et qui me semble avec ses agréments
Une ville assez pauvre en fait de monuments.
Au sortir du faubourg, une vaste avenue
Dont les hauts peupliers baignent leur pied dans l'eau,
Nous conduit à Briare, autre ville un peu nue,
Riche de son canal, et là notre venue
S'annonce avec éclat, soit au bruit du galop,
De nos coursiers fumants allure continue,
Soit au son du clairon, musique bien connue,

De notre conducteur harmonieux solo.
Nous dînons à Briare : un dîner dans la vie
Est grave, quand surtout la table est bien servie ;
Mais comment dinons-nous ? Comme de vrais gloutons,
Et sitôt installés déjà nous repartons.
Alors ne tarde pas à venir la nuit sombre,
   Avec elle les noirs pensers,
   Les objets confus, effacés,
Et le sommeil, ami du silence et de l'ombre.

Six heures du matin : le jour rouvre nos yeux ;
Nous roulons au milieu d'une bien grande ville :
  On y fait halte... Où sommes-nous ? — Messieurs,
Répond, d'une façon engageante et civile,
Une fille d'hôtel au souris gracieux,
Vous êtes à Moulins ; hâtez-vous de descendre,
  Le déjeuner est chaud, il vous attend.
— Et combien restons-nous, conducteur ? — Un instant.
Déjeuner si matin ! Il faut pourtant se rendre ;
Au risque d'en périr brusquement étouffé,
Il faut s'indigérer d'un morceau de pain tendre
   Et d'une tasse de café :
Puis, tout en déplorant ce genre de torture,
Cette offense au plus saint de tous nos appétits,

Repus sans faim ni soif, on remonte en voiture,
    Le clairon sonne, et nous voilà partis.

Au dehors, Dieu merci, pour tromper ce malaise,
    Maint sujet d'observation
    Amuse notre attention :
Ici c'est le chemin qui mollement biaise
Au-dessus du vallon à l'éclat nuancé,
Ou le roulage au pas lourdement cadencé,
Grâce à qui bien des fois nous frisons le fossé,
Et surtout dans les champs la jeune Bourbonnaise
Au bizarre chapeau doublement retroussé.

    Vers deux heures, nouvelle pause,
    A Roanne; l'on s'y repose
    Assez de temps bien strictement
Pour y dîner encor très-précipitamment.
Au-delà de Roanne, autres sont les campagnes :
Tantôt la route va gravissant des montagnes,
Tantôt elle descend vers le ravin profond
Béant comme un abîme, et vous voyez au fond
De ces gorges d'aspect sauvage, romantique,
Serpenter comme un fil, cordon énigmatique
    Que semble tendre une invisible main,

Au sein des rocs perforant son chemin,
L'étroit sentier de fer connu de la douane,
Qui rapproche et confond Saint-Étienne et Roanne.
    Plus loin, vous voyez dans les bourgs,
Laborieux voisins de la riche Tarare,
Femmes, filles, enfants, qui, sur de hauts tambours,
Où l'aiguille s'exerce avec un succès rare,
Brodent, tout en marchant, ces bouquets merveilleux
Qui plus tard chez Delisle étonneront nos yeux.

Cependant le jour baisse, et sous la nuit obscure
Pour la seconde fois se voile la nature,
Et déjà contre nous le sommeil obstiné
Plane depuis longtemps sur mon front incliné,
Quand tout à coup l'éclat d'une vive lumière,
Le mouvement, la vie et l'agitation,
D'une grande cité bruyante avant-courrière,
Réveillent mes esprits, raniment ma paupière ;
Dix heures vont sonner, nous sommes à Lyon !

II.

Lyon. — Départ de Lyon. — Navigation sur le Rhône. — Les brouillards. — Les bancs de sable. — Arrivée à Avignon.

Que dire de Lyon qui ne soit su d'avance ?
Descendus près du Rhône, à l'hôtel de Provence,
Nous revîmes d'un pas actif, mais trop hâté,
Ce chef-lieu qui n'est pas sans avoir en partage
    Des anciens temps un brillant héritage,
Mais prise beaucoup plus que ce mince avantage
Ses pékins, son velours par la mode adopté,
Et met fort au-dessus de son antiquité
    Son commerce de nouveauté.
Nous revîmes, pressés par la foule incessante,

Dont regorge partout la cité commerçante,
      Quelques-uns de ces monuments
Qui font germer au cœur de longs recueillements :
Ainsi Saint-Irénée, ainsi la basilique ;
Ces lieux jadis rougis d'un sang évangélique,
Ces cachots vénérés, trésor du sacristain,
Où non loin de Blandine expira saint Potain ;
Cette église d'Ainay, souvenir d'une autre ère;
      Et cette place funéraire
Où Cinq-Mars et de Thou, sous le fer des bourreaux,
Courbés par Richelieu, tombèrent en héros.

A l'heure matinale où, pieux sémaphore,
Des premiers feux du jour Fourvières se colore,
A demi réveillés et maugréant tout bas,
Vers le Rhône, à tâtons, nous dirigeons nos pas.
Là d'Avignon pour nous le paquebot s'allume ;
Sa cloche nous appelle, il appareille, il fume,
Enfin même il s'ébranle, et son front qui les fend
S'enfonce dans les flots superbe et triomphant.
Ne l'admirons pas tant, car voici qu'une brume
Des plus sombres s'étend sur le fleuve attristé
Et tout à coup réduit à l'immobilité
Notre impuissant navire, atteint de cécité.

Déplorable incident ; lorsque chacun se leurre
    Du fol espoir d'un merveilleux trajet,
Déjà de notre temps il grève le budget
Par l'affligeant retard d'au moins une bonne heure :
Heure d'impatience et d'un mortel ennui,
Où, dans l'étroit salon renfermés pêle-mêle,
Hommes, femmes, enfants, cabas et sacs de nuit,
Tumultueux chaos, tout s'entasse et se mêle.

Cependant les brouillards sont remontés aux cieux :
Notre nef a repris son allure intrépide ;
Le cerf est moins léger, la flèche est moins rapide.
Mais voici que bientôt un sort capricieux
Va nous faire subir une plus rude épreuve :
Grâce aux vives ardeurs d'un été radieux,
Les sources ont tari, l'eau manque à notre fleuve ;
Aussi, pour assurer son dangereux chemin,
De peur des bancs que cache une eau trop peu profonde,
Comme un vieillard qui marche un bâton à la main,
Le bateau ne va plus qu'appuyé sur la sonde.
Et parfois, en effet, un lointain craquement,
Comme un cri de douleur, nous dit que la carène
Sur le lit rocailleux imprudemment se traîne ;
Tel, aux rives du Nil, on voit le caïman,

Sur le sable épaté, promener lourdement
Son ventre appesanti qui rampe sur l'arène.

Nous voguons néanmoins, et nos yeux enchantés
Admirent les deux bords à si bon droit vantés.
Ainsi s'offrent à nous : Vienne, Tournon, Valence ;
Maint gracieux rocher qui vers les cieux s'élance ;
Et ce pont où le fleuve est devenu torrent,
Ce Saint-Esprit, terreur du pilote ignorant.
Nous voguons, et déjà derrière la colline
Se cache en pâlissant le soleil qui décline,
Sans qu'Avignon encor, ce but si désiré,
Avec ses vieux créneaux, à nous se soit montré.

Enfin, sous le rayon pâle, crépusculaire,
Dont le reflet douteux mollement les éclaire,
Nous avons entrevu ces murs, ces hautes tours,
Ce palais où, fixant leurs souveraines cours,
Sept papes ont régné, cinq ont fini leurs jours.
Bientôt nous abordons : mais vers notre rivage
Bondit au même instant une horde sauvage ;
Des torches à la main et le corps demi-nu,
Des hommes effrayants, au langage inconnu,
Hurlent à notre aspect des cris d'affreuse joie,

Comme ceux du chacal qui convoite sa proie.
Quels sont ces ennemis ?... Ce sont des portefaix,
  Ils viennent, dans leur zèle extrême,
Se disputer entr'eux et jusqu'en nos bras même
S'arracher, malgré nous, nos malles, nos effets.
Ce bizarre combat, cette affreuse mêlée,
Sur le pont du bateau la foule accumulée,
Ces confuses clameurs se prolongeant sur l'eau,
Tout cela fut vraiment un singulier tableau.
Nous échappons pourtant à ce nouveau sinistre,
Et dans l'hôtel connu que Pierron administre,
Sa femme, qui jadis déjà nous accueillit,
Nous offre ce qui fait le bonheur en voyage,
  Suivant certain fameux adage,
Un bon souper, et surtout un bon lit.

III.

Avignon. — Route d'Avignon à Toulon, par Aix. — Toulon. — La villa du professeur C., à Lamalgue — De Toulon à Marseille. — Marseille.

J'aime Avignon, je le préfère
A plus d'une fraîche cité ;
J'aime sa rêveuse atmosphère
Et son parfum de vétusté ;
Sa cathédrale dont l'enceinte
Répéta les hymnes païens,
Avant d'être la maison sainte
Où se prosternent les Chrétiens ;
Son vieux donjon, sombre édifice,
Où plus d'un cruel sacrifice,

32   PREMIÈRE PARTIE.

Pour servir un Dieu rédempteur,
Fatigua le zèle imposteur
Du sanguinaire inquisiteur
Et des bourreaux du saint-office.
J'aime à venir sur ce rocher,
Qui du monde entier fut le trône,
M'asseoir longtemps, et m'y pencher
Vers cette plaine où court le Rhône :
Admirable panorama,
Site heureux que Pétrarque aima,
Et que la nature anima
De tant de richesse et de vie,
Que plus d'un beau site pourrait
A son éclat porter envie,
Qu'à son aspect l'âme ravie
N'en put jamais être assouvie,
Que nul ne l'a fui sans regret.

Le temps s'écoule et nous presse ;
Un messager auprès de nous s'empresse,
On nous réclame, on nous attend ;
Le courrier de Toulon va partir à l'instant.
Et d'abord, nous roulons une nuit tout entière
Étouffant de chaleur, de soif et de poussière ;

Et dans la ville d'Aix, arrivés au matin,
Nous prenons, faible à-compte, un modeste festin.

    D'Aix à Toulon, la route nous présente
    Une nature admirable, imposante :
    Le plus souvent, fraîcheur à nos côtés,
Villas aux gais bosquets, aux sombres avenues ;
Et, pour cadre lointain, de hautes sommités
        Élèvent jusque dans les nues
        Leurs cimes fécondes ou nues.
Plus loin, c'est Ollioule aux sauvages beautés :
    Puis, au sortir de ses ravins arides,
      La pomme d'or des Hespérides,
L'olive, le citron et tous ces fruits divers
Qu'épargne dans ces lieux le souffle des hivers,
Délicieux contraste et rencontre imprévue,
Viennent jusqu'à Toulon émerveiller la vue.

    Toulon est mollement assis sur un versant
Que ne peuvent frapper la tempête et l'orage ;
Son front insoucieux des vents brave la rage,
Et le flot dont sa rade a conjuré l'outrage
Vient mourir à ses pieds timide et caressant.
Toulon est avant tout la ville maritime ;

C'est d'une vaste mer la reine légitime,
   Qui pour sujets et pour vassaux
Contemple avec orgueil ses belliqueux vaisseaux
Comme une cour mobile alignés dans ses eaux.
Tout me plaît à Toulon ; et ce travail immense
Qui sans cesse achevé sans cesse recommence ;
Ce monde de marins en tous lieux circulant ;
Ces navires couchés sur leur robuste flanc,
Dont une main soigneuse explorant les fissures
Sous le fer et la poix radoube les blessures ;
Et ce bagne hideux, purgatoire infernal,
Avec ses ponts-levis, avec ses bruits de chaîne,
Ses habitants flétris par le vice et la haine,
Et ses rudes labeurs qu'exploite l'arsenal.

Mais ce qui plus encor me ravit et me frappe
Dans les beaux souvenirs que Toulon m'a laissés,
Ce qui fit de Toulon notre plus douce étape,
Ce qui le rend toujours si cher à nos pensers,
C'est, non loin de Lamalgue, appuyé sur la rive
Dont la vague en passant bat les rocs sourcilleux,
Quand de la haute mer écumeuse elle arrive,
Un castel, né d'hier, séjour délicieux,
Où l'un de nos savants vient dans la solitude

Oublier les soucis d'une sévère étude.
Là son charmant accueil, ses soins officieux,
Embellirent pour nous de trois bonnes journées
Les rapides instants, les heures fortunées :
Puis, comme un vrai bonheur ne vient point à demi,
Voilà qu'en arrivant dans ces lieux, un ami
S'était offert à nous, bien connu comme artiste,
Dantan jeune, son nom est son panégyriste ;
Et, dès que notre plan devant lui fut tracé,
Renonçant au projet qu'il s'était esquissé,
Afin que désormais sa route fût pareille,
Il voulut, comme nous, s'embarquer à Marseille.
De ce jour, en effet, bénissons-en le sort,
Nous allons tous les trois prendre un commun essor,
D'Afrique en même temps scruter chaque merveille,
Et, jusques au moment du retour, partager
Ou la bonne fortune ou parfois le danger.

Nous avons salué la porte hospitalière,
Et des pleurs de l'adieu mouillé notre paupière ;
Lamalgue est loin de nous : bientôt l'obscure nuit
Dans nos cœurs attristés a fait taire l'ennui ;
Et tandis que chacun tant bien que mal sommeille,
Nous gagnons au grand trot la ville de Marseille,

Sans même avoir revu d'un regard curieux
D'Ollioule endormi les monts silencieux.
Il n'est pas jour encor quand le son de sa cloche
Au grand hôtel Beauveau fait savoir notre approche.

Déjà plus d'une fois nous avons visité
La ville phocéenne, opulente cité,
Qui maintenant possède, et peut s'en montrer fière,
Des quartiers près desquels pâlit sa *Cannebière*,
De brillants magasins, étalage de prix,
A faire pâmer d'aise un flâneur de Paris,
Un théâtre assez beau, quelques restes gothiques,
De son vieux château d'If les cachots romantiques,
Enfin sa Notre-Dame, amour des matelots,
Qui, de son belvéder, les *garde* au sein des flots.
Mais ce qui chaque fois, à Marseille, m'inspire
Une surprise égale à mon profond dégoût,
C'est l'infecte vapeur que son port, vaste égout,
Mélange incessamment avec l'air qu'on respire ;
Poison que viennent boire à cet impur bassin
Les navires que l'ancre a fixés dans son sein,
Et qui même, à tel point son miasme est malsain,
Chez le navigateur vieilli dans la marine
Fait bondir l'estomac et crisper la narine.

IV.

Embarquement — *Le Charlemagne*. — Le mal de mer. — Les îles Baléares. — Le salon du *Charlemagne*. — Le lever du soleil. — La vue des côtes d'Afrique. — Souvenirs historiques. — Le déjeuner à bord. — Vue d'Alger. — Débarquement. — Les Costumes.

———o o———

Un grand jour est venu pour nous, car le moment
Approche de songer à notre embarquement,
Moment que ne peut voir ma timide compagne
Sans un certain effroi mêlé d'enchantement.
C'est du reste un courrier fameux, *le Charlemagne*,
Paquebot dont chacun vante le vol léger,
L'élégante encolure et la noble prestance,
A qui nous confierons avec notre existence
Le soin de nous conduire aux rivages d'Alger.

Pour le départ voici que tout s'apprête :
Nous avons, moyennant cent dix-sept francs par tête,
(Pardon de ce détail, quelquefois le lecteur
D'un chiffre exact et vrai peut bien être amateur)
A bord du *Charlemagne* assuré nos trois places.
C'est dans une cabine avec rideaux et glaces,
Confortable séjour, boudoir des mieux meublés,
Que nous devons tous trois être ensemble installés.

  Le jour décline, l'heure avance :
  Au brûlant soleil de Provence
  Succède la brise du soir ;
  C'est fête aujourd'hui, c'est dimanche ;
  Marseille a mis sa robe blanche,
  Et dans sa rade pour nous voir,
  Pour nous saluer au passage,
  Maint batelet, joyeux message,
  S'en va se jouer, affrontant
  Le souffle adouci de l'autan
  Qui le berce avec nonchalance,
  Gonfle sa voile et le balance
  Sur le flot pur et clapotant.
  Et voici qu'ardente, animée,
  Avec son pavillon flottant,

Derrière elle au loin rejetant
Sa noire écharpe de fumée,
Vive et coquette en ses apprêts,
Notre nef a quitté ce sinueux dédale,
Cette forêt de mâts, de vergues et d'agrès,
Que les quais avec ordre amarrent à leur dalle.
Autour d'elle, au centre du port,
Maint autre canot ou chaloupe,
Esquif ou barque de transport,
Voguent en foule : dans ce groupe,
Nous-mêmes, non sans long effort,
Jusqu'aux échelles de sa poupe
Nous pénétrons enfin, et nous sautons à bord.

Bientôt alors la machine puissante
De ses ailes de fer bat l'onde blanchissante ;
Comme un dernier signal la cloche a retenti,
Et, tel que le coursier qui piaffe sur l'arène,
Le navire frémit du pont à la carène,
Il prend sa course, il est parti.
Et nous, du haut de la dunette
Vers l'horizon lointain promenant la lunette,
Nous scrutons du regard l'immensité des mers ;
Ou parfois, pénétrés d'une douce tristesse

Et de vagues regrets plus suaves qu'amers,
  Nous contemplons fuyant avec vitesse,
  Et s'effaçant sous la brume du soir,
    La rive où coulèrent nos larmes,
Où nous voyons encor, souvenir plein de charmes,
Comme un muet salut, flotter plus d'un mouchoir.

A mesure pourtant que la terre lointaine
Dérobe à nos adieux son image incertaine,
Et qu'au-devant de nous creusés plus largement
Les abimes sans fond où notre nef s'engage,
Nous impriment, tantôt, éblouissant tangage,
De la proue à la poupe un long balancement,
Et tantôt du roulis qui berce sur les ondes
Les oscillations en vertiges fécondes,
Un bizarre malaise, un trouble tout nouveau,
Vient éteindre nos sens, plonge notre cerveau
Dans un de ces états d'inexprimable angoisse
Où le moindre travail nous épuise ou nous froisse ;
  Paralysant nos membres alourdis,
Il interdit le jour à nos yeux étourdis,
Et de notre estomac, stimulant despotique,
Convulse malgré lui la fibre sympathique.
Nous essayons d'abord contre ce mal naissant

De l'air frais du dehors l'antidote impuissant ;
Bientôt il faut céder : l'amertume à la bouche,
L'un sur l'autre appuyés et le front pâlissant,
Nous battons en retraite et gagnons notre couche.

 C'est à regret : un ciel splendide et pur,
Dont une tiède nuit allume les étoiles,
De notre sol mouvant illumine l'azur.
Notre nef au zéphyr a confié ses voiles,
Elle fuit et son vol est non moins prompt que sûr,
Et des flots écumeux sa course fait éclore,
Sous notre double roue, un sillon de phosphore.
J'admirai bien longtemps ce spectacle enchanteur :
Ramené sur le pont par ma triste insomnie,
Longtemps j'écoutai là, pensif observateur,
De cette nuit en mer la rêveuse harmonie,
Sans que le charme heureux de cet enivrement
Calmât de mes douleurs le sourd déchirement,
Et redonnant la vie à mes côtes brisées
De mon pharynx à sec fît taire les nausées.

Ce tribut néanmoins eut un terme : le jour
N'éclairait pas encor notre flottant séjour,
   Quand revenu dans ma chambrette,

Du début de mes maux confidente discrète,
> Le bon Morphée et ses pavots
M'y prodiguaient enfin un généreux repos.
Ainsi se termina ma première journée.

> Que dirai-je du lendemain?
De nos impressions laquelle ai-je glanée?
Que nous offrit de neuf notre humide chemin?
> Rien tout d'abord. En effet, noterai-je
> Dans ce récit que j'abrége :
Ici ce paquebot qui passe à l'horizon,
Seul atome vivant où se pose la vue,
Quand du ciel et de l'eau l'effrayante étendue
Comme un désert sans fin étonne la raison;
> Là, des vagues rasant l'écume,
> Compagne chère aux matelots,
> La mouette à la blanche plume
> Dont le vol argente les flots;
Ou bien encor, hideux avec leurs noirs museaux,
La troupe des marsouins hésitante et craintive,
> Apparition fugitive
> Qui bondit au-dessus des eaux?

Mais que vois-je? quelle est la verdoyante plage

Qui tout à coup brille à nos yeux?
C'est Mahon, précieux mouillage,
Où, quand la foudre éclate aux cieux,
Quand l'élément capricieux
Du navire effrayé tourmente le sillage,
Bien souvent le navigateur
Trouva contre la mort un abri protecteur.
Salut, Mahon! et toi, son riant acolyte,
Ile aux bords enchantés, gracieuse Palma!
Toi que la vive ardeur et l'éclat insolite
Dont rayonne ton doux climat,
Que tes femmes toujours séduisantes et belles,
Que les parfums dont le ciel t'embauma,
Ornent si bien, que tu rappelles
L'île heureuse où jadis la mère de l'Amour,
Sous des bosquets de myrte, avait fixé sa cour.

C'était vers le milieu du jour
Que nous longions cette île fortunée,
Tous alors réunis dans une salle, ornée
D'un piano de Pleyel, d'élastiques divans;
Et de leur souffle ami nous caressaient les vents.
Dans ce vaste salon, arrière du navire,
Chacun, suivant le goût qui le pousse ou l'inspire,

Par des soins différents cherche à tromper l'ennui.
L'un travaille, en ronflant, à compléter sa nuit;
L'autre, qu'apparemment la politique éveille,
Relit d'un air grondeur son journal de la veille;
Celui-ci, dont la mer menace la santé,
Invoque, heureux croyant, ou bien le liquide aigre
Qu'un flacon élégant mêle au sel de vinaigre,
Ou le bonbon de Malte à Paris inventé :
Tel autre est à l'abri du vertige, il s'en pique,
 Et le voilà, fatigant narrateur,
  Qui, vous prenant pour auditeur,
  Ne vous parle plus qu'équateur,
 Vents alizés, longitude et tropique;
Tandis que des joueurs un peu plus loin assis
S'opposent l'un à l'autre ou bien le double six,
Ou la dame de cœur et le valet de pique,
Et que, chacun enfin portant là ses travers,
Moi-même dans un coin je griffonne des vers.

Cependant du dîner voici que l'heure approche;
Sur l'aile des zéphyrs, au hasard dispersés,
Arrivent jusqu'à nous les parfums de la broche,
Et dans notre salon deux garçons empressés
Chargent de plats brillant des couleurs les plus vives,

Une table où viendront s'asseoir trente convives.
Ces apprêts engageants, ce piquant avant-goût,
Par un effet étrange, et que d'ailleurs explique
Un trouble d'estomac, frère de la colique,
Nous causent à l'instant le plus affreux dégoût.
Bien que pour tout repas un assez clair potage
Ait été jusqu'ici notre unique partage,
Nous n'en sentons pas moins, soit raison, soit instinct,
Peu faits pour plaindre alors les douleurs de Tantale,
L'impérieux besoin de fuir loin du festin :
Nous gagnons donc nos lits, où jusques au matin
Nous allons savourer la vie horizontale.

Nous y goûtions encor les bienfaits du sommeil,
Quand ces mots tout à coup nous mettent en éveil :
La terre à l'horizon ! C'est la terre d'Afrique !
Cet appel fut pour nous comme un choc électrique ;
Nous volons vers le pont, et quel tableau charmant
S'offre à nous ! sur le flot immobile, dormant,
  Déjà les rayons de l'aurore
  Font courir leur molle clarté,
  Et par ses reflets argenté
  Le flot scintille et se colore ;
Puis bientôt, comme un roi de sa cour escorté,

De mille feux diamanté,
Le soleil a paru lui-même, et mieux encore
Tout s'embellit et se décore
De grandeur et de majesté ;
Ardent soleil, dont l'éclat nous dévore
Comme un brûlant soleil d'été :
Enfin, dans le lointain, et si loin qu'on refuse
De croire à leur réalité,
Quelques linéaments, ombre pâle et confuse,
Du sol algérien, pour notre œil enchanté,
Esquissent le contour vaguement arrêté.

Oh ! ce fut là pour nous un ravissant spectacle.
Sur la dunette assis, du haut de ce pinacle,
Les yeux dirigés vers le bord
Où pour nous va s'ouvrir un port,
Nous voyons lentement surgir du sein des ondes
Ces cimes, ces vallons et ces rives profondes,
Terres depuis longtemps pour l'histoire fécondes,
Rivages tant de fois désolés par la mort.
Nous rêvons aux brillants faits d'armes,
Aux exploits souvent inhumains,
De ces ambitieux Romains
Là comme ailleurs semant devant eux les alarmes,

Et creusant dans ces champs mouillés de bien des larmes
        Leurs irrésistibles chemins.
        Passant même à des temps plus sombres,
        Nous retrouvons vos grandes ombres,
        Roi des Vandales, Genséric,
Terrible ravageur de l'Afrique et de Rome ;
Et toi, fils de Zaïd, intrépide Tarik,
Qui subjuguas l'Espagne où régnait Roderic ;
Toi surtout qu'en ses chants l'Arabe encor renomme,
Barberousse, deux fois vainqueur de Charles-Quint,
Étrange conquérant, étonnant sycophante,
Toi qui sur tant de mers, d'une main triomphante,
Promenas cinquante ans l'étendard africain :
        Et vous tous, qui sur cette terre
        Où votre valeur a grandi
        Dans les combats avez brandi
        Ou la hache ou le cimeterre,
        Guerriers maures au bras puissant ;
        Et vous, disciples du croissant,
        Vous dont la splendeur éphémère
        A tant d'opprimés fut amère,
        Vous, la terreur de l'innocent,
        Dignes de haine et non d'envie,
        Qui n'avez traversé la vie

Que les pieds baignés dans le sang.
Nous songeons enfin à la gloire
Que, dans ces derniers jours, de généreux succès
Ont fait rejaillir sur l'histoire
Des armes et du nom français.
Souvenirs palpitants, ils tiennent occupée
Notre âme d'autant mieux frappée,
Qu'auprès de nous, un des héros
De cette moderne épopée,
Un de nos vaillants généraux,
Nommant à notre impatience
Tous les points successifs devant nous déroulés,
Nous redit, et déjà c'est tout une science,
Ce qu'en tels lieux, par tel ou tel chef quintuplés,
Mainte fois, même au prix d'une longue souffrance,
Nos soldats ont cueilli de lauriers pour la France.

Suspendons enfin le cours
De ces songes, de ces discours.
Si flatteur que soit notre rêve,
Pour un soin plus pressant il faut y faire trêve,
Voici que vient de sonner
L'heureux instant du déjeuner.
Loin de nous aujourd'hui la tristesse inquiète,

Loin de nous tout morne tourment,
Devant Alger adieu la diète,
Tous à table ! et buvons gaîment !

Alors ce fut comme une fête,
Ce fut un repas animé,
Où chacun, sans doute charmé
De ce que vapeur ou tempête
Ne l'a point encore englouti,
A vivre derechef bien volontiers s'apprête,
Et dans son estomac, naguères amorti,
Sent, plus vif que jamais, renaître l'appétit.
Même à ce point la salle est pleine,
Salle hier trop vaste, ma foi,
Que nous n'y pouvons qu'à grand' peine
Trouver place, Dantan et moi,
Voire même le capitaine,
Le brave et digne Bonnefoy.
Enfin, vers une étroite table
Nous voilà tous trois exilés ;
Et là, quel festin confortable !
Quels bons vins par nous sont sablés !
C'est le bordeaux, liqueur vermeille,
Nectar toujours cher au gourmet,

Qui, depuis dix ans qu'il sommeille
Ballotté par les flots, a mûri son fumet ;
Né sur des bords qu'engraisse l'algue,
C'est le délicieux lamalgue,
Fécond pour nous en doux pensers ;
Ou, dans le cristal qui scintille
C'est le champagne qui pétille,
Et verse dans nos cœurs l'oubli des maux passés.

Tandis qu'ainsi, narguant la houle,
Nous noyons nos chagrins, et que l'heure s'écoule,
Alger est devant nous, Alger qui pour nos yeux
Présente tout d'abord un aspect merveilleux ;
Alger qui, s'accoudant à demi sur la pente
D'un coteau dont le pied avec grâce serpente,
Dentelé par le flot amer,
S'échelonne en gradins, splendidement étale
De sa vive blancheur la pompe orientale,
Et mire dans la vaste mer
Ses tours, ses bastions, ses murailles flanquées
De canons aujourd'hui dormant sur leurs affûts,
Et de ses toits pressés l'assemblage confus,
Et ses longs minarets, flèches de ses mosquées.

Nous saluons Alger avec un vrai transport,
Tout fiers d'atteindre enfin cette rive africaine,
Tout fiers de notre nef, de son rapide essor,
   Et de notre bon capitaine,
Qui si bien activa notre course, qu'à peine
Midi vient de sonner quand nous touchons le port.

   Mais ici quel spectacle étrange!
   Voici qu'une épaisse phalange
   De Nègres, Maures et Biskris [1],
Autour du *Charlemagne* en tumulte se range;
   Beaux rameurs au chaud coloris,
Qui nous tendent les mains et, curieux mélange,
   Entrechoquent avec des cris
Leurs batelets rivaux par la lutte meurtris.

J'ai fait choix de l'un d'eux, et volant au rivage,
   A peine avons-nous débarqué,
Et vu de cette ville étonnante, sauvage,
Les premiers alentours, la douane, le quai,
Que nous pouvons nous croire au sein d'un bal masqué.
Là, près de l'habit noir, ou du chapeau de France,
   Notre mesquin accoutrement,
Près de nos fantassins au pantalon garance,

Passent, et ce contraste est bizarre et charmant,
Le Maure, le front ceint d'un riche cachemire,
Vêtu d'un brocart d'or, travail que l'on admire ;
Le zouave élégant, le chasseur africain,
Ou le spahis que chausse un rouge maroquin ;
Le juif dont le costume aime la couleur sombre [2] ;
La Mauresque, fantôme aux voiles longs et blancs,
Qui, dans la rue, où seule elle marche à pas lents,
A vos yeux étonnés apparaît comme une ombre ;
L'Arabe qui rassemble artistement groupés
Les plis de son burnous sur le haïck drapés [3] ;
La fille d'Israël à la robe soyeuse,
Chargeant sur son épaule une urne gracieuse,
Et sa mère que coiffe un conique *sarmah* [4],
Parure que chez nous l'ère gothique aima ;
Et le Berbère enfin à la peau brune et ferme,
Dont un brûlant soleil calcina l'épiderme,
Qui, pour tout vêtement, beau de sa nudité,
Porte un simple haillon avec grâce ajusté.

Frappés à cet aspect, comme on peut le comprendre,
D'un ébahissement difficile à bien rendre,
Ne sachant sur quels points arrêter nos regards,
Surpris à chaque pas, séduits de toutes parts,

Nous franchissons d'Alger la porte maritime ;
Et dans l'hôtel du Nord qu'à bon droit on estime,
Hôtel alors peuplé de généraux français,
Un obligeant ami nous ouvre un libre accès.

Ami, qui me fus cher dès ma plus tendre enfance,
Pour toi, pour tous les tiens qu'Alger nous a ravis,
Reçois ces quelques vers, preuve que la distance
    Ne tient point nos cœurs asservis.
Qu'ils vous disent aussi qu'en dépit de l'absence,
    Les souvenirs et la reconnaissance
    Sur notre seuil nous ont suivis.

DEUXIÈME PARTIE

ALGER

DEUXIÈME PARTIE.

Alger.

PREMIÈRE JOURNÉE.

Les rues d'Alger. — Les Maisons mauresques. — L'Hôtel du Nord. — Le faubourg Bab-El-Oued. — Les chants nocturnes des Muezzins.

Ce qui frappe d'abord, dès que l'on s'aventure
    Au sein d'Alger, ce que n'y verront pas
    Ceux qui bientôt y porteront leurs pas ;
Ce que notre marteau chaque jour dénature,
    Ce sont ces chemins sinueux,
De l'Alger primitif ténébreuses entrailles,
    Qui bien souvent, réduits anfractueux,
Au-dessus du passant confondent leurs murailles.

Vous y voyez le sol, et c'est un dernier trait
  Bon à noter dans ce portrait,
Parsemé d'habitants au travail inhabiles,
Posés là quelquefois jusqu'au soir immobiles.
Sur ses talons croisés l'un assis gravement
Murmure sa prière, ou médite en fumant ;
L'autre, et d'un froid soudain sa rencontre vous navre,
  Dort couché comme un vrai cadavre ;
  En même temps l'actif *bourricotier* ⁵,
Son bâton à la main, au travers du sentier,
Chasse en criant *baleck* ⁶ un long cortége d'ânes,
Qui courent bravement chargés de lourdes mannes.

Ce tableau, vu de loin, n'est que divertissant ;
Mais, au premier aspect, et sur ce j'en appelle
A tout nouveau venu, quand on est là froissant,
Coudoyant cette foule au fond du cœur rebelle,
Qui n'a jamais subi le joug qu'en frémissant,
Quand on pousse du pied sur les dalles gisant
Ce nègre, ce biskri, portefaix athlétiques,
Plus trapus, mieux musclés que des lutteurs antiques,
On sent poindre d'abord, quel que soit son sang-froid,
Certaine émotion voisine de l'effroi.
Cependant, de votre âme effleurant la surface,

Chez vous bientôt cette crainte s'efface,
A ce monde nouveau vous vous accoutumez,
Et vous n'y passez plus que ravis, que charmés.
Si même du midi l'ardeur caniculaire
Épanche sur Alger ses rayons dévorants,
Si vous ne pouvez pas, appesantis, souffrants,
Goûter d'un frais boudoir le repos tutélaire,
Vous savourez alors l'attrait délicieux
De ces chemins étroits, couloirs silencieux,
Que, privé de ses feux, si peu de jour éclaire,
De la ville africaine ombrages précieux.

    Voulez-vous d'une ville sombre
    Mieux encor concevoir le prix?
    Quittons ce dédale et son ombre.
Et contemplons Alger tel que l'a fait Paris.
A la porte marine aboutit une rue
Par de nombreux piétons sans cesse parcourue,
Offrant le double abri de deux trottoirs couverts;
Et des cintres béants, en arcades ouverts,
Y versent largement un jour systématique
Qu'utilise à l'envi mainte et mainte boutique.
Au bout de cette rue, un vaste évasement
S'étale, rendez-vous civil et militaire;

C'est la Place Royale ou du Gouvernement.
  Des deux côtés de ce quadrilatère,
Du cœur de la cité volumineuse artère
Part une double rue : ici c'est Bab-Azoun
Et là Bab-el-Oued. Que l'aride simoun
Fonde sur cette place à son souffle exposée,
  Voyez-vous quel facile abord
Va trouver à l'entour ce courrier de la mort,
Cet enfant du désert à l'haleine embrasée ?

  Heureux du moins, colon intelligent,
Quiconque n'a pas cru devoir, à prix d'argent,
Sur le sol africain pour assurer ses aises,
Se fixer sous le toit de ces maisons françaises
Qui viennent afficher dans ce climat lointain
Les somptueux dehors de nos hôtels d'Antin.
Oh ! que j'aime bien mieux les fines arabesques
Et le style enchanteur de ces bijoux mauresques,
Poétiques manoirs, voluptueux séjours,
Où, de leur molle vie emprisonnant le cours,
Les Arabes savaient, prodigues de délices,
Faire de leurs plaisirs les lieux mêmes complices !
Là, dans les corridors l'un sur l'autre étagés,
Circulent des zéphyrs avec soin ménagés ;

Là, pour que la fraîcheur n'en soit jamais bannie,
Gazouille des jets d'eau la plaintive harmonie ;
Là, divans pour dormir et coussins pour s'asseoir ;
Enfin, pour respirer l'air embaumé du soir,
Sous la voûte des cieux une blanche terrasse
Où broute la gazelle, et d'où la vue embrasse
Les murs algériens, la prochaine maison,
Avec l'immensité des mers à l'horizon.

Telles à nos regards séduits se présentèrent
Les habitations où nos pas débutèrent ;
Tel était notre hôtel, et spécialement
Les jolis alentours de l'étroit logement
Qui d'abord nous reçut. Suivant l'usage maure,
La cour, avec plaisir je me la remémore,
Tant elle nous parut étrange à tous les trois,
Y forme le premier étage, et ses parois
S'évident autour d'elle en hautes galeries,
Avec balcons sculptés et riches boiseries.
Au dehors, il est vrai, cet hôtel travesti
S'*orne* d'un front moderne aux voisins assorti ;
Et là, splendidement par la rue éclairée,
Règne une vaste salle aux repas consacrée.

Entrons-y maintenant, pour un dîner joyeux
Tout y flatte à la fois l'odorat et les yeux ;
Et puis nous risquerons, pour clore la journée,
Hors de Bab-el-Oued encore une tournée.
Promenade choisie, elle va dérouler,
Sous l'ombre dont la nuit s'apprête à la voiler,
La scène la plus belle et la plus imprévue
Qui depuis bien longtemps ait charmé notre vue.

A peine de la ville on a franchi le seuil,
Les champs sont devant vous, admirable coup d'œil !
Ici, sur une terre aride, sablonneuse,
Le cactus étalant sa raquette épineuse,
Et tourmentant ses bras convulsés, tortueux ;
Plus loin c'est l'aloès dont la tige s'élance,
Et qui drape le sol du luxe monstrueux
   De ses feuilles en fer de lance ;
   En face de vous un vieux fort ;
Appuyé contre un roc, il a lassé l'effort
   De l'onde à ses pieds expirante ;
   A gauche, oasis des passants,
   Une fontaine murmurante
Qu'ombragent d'un palmier les rameaux caressants ;
Plus haut, près du rempart aux créneaux impuissants,

Une élégante et timide mosquée
Par le paysagiste aussitôt remarquée,
 Et qu'au besoin aisément trahirait
Son marabout d'albâtre ou son blanc minaret;
A droite enfin, des flots la plainte monotone,
Cette éternelle voix qui toujours vous étonne,
Et jette en votre esprit doucement attristé
Le sentiment rêveur de votre nullité.

Nous revînmes ravis et remarquant à peine
Du long Bal-el-Oued les nombreux cabarets,
Où le troupier, sensible à leurs bruyants attraits,
Retrouve la Courtille et les salons du Maine.

Que de choses sans nombre, et que j'ai dû citer,
Alger en un seul jour vient de nous présenter!
 Et je n'ai pas atteint le terme
De tous les souvenirs que ce seul jour renferme.
Puis-je taire en effet cette autre impression
Que la nuit réservait à notre émotion?
Tout dormait, excepté, nocturnes parasites,
Deux souris qui chez nous répétant leurs visites
Grignottaient à l'envi le jonc horizontal
De notre vieux parquet tapis oriental.

Soudain deux, puis trois voix, à nulle autre pareilles,
D'accords inattendus ont frappé nos oreilles;
Ce sont les chants pieux que, du haut de leur tour,
Adressent les muezzins [7] aux croyants d'alentour;
Sons bizarres pour nous, étranges psalmodies,
    Pleines pourtant de douces mélodies,
Qui détachent les cœurs du terrestre milieu,
Les portent lentement jusqu'au trône de Dieu,
Et quand un lourd sommeil pèse sur la nature,
Font voler vers les cieux, encens adorateur,
        Les hymnes dont la créature
        Doit le tribut au Créateur.

DEUXIÈME JOURNÉE.

Les Drapeaux marocains. — Le Palais du gouverneur. — La sieste. — Les Omnibus d'Alger. — Le faubourg Bab-Azoun. — Le Café des Platanes. — Le Jardin d'essais. — La Place du gouvernement.

———o◦———

Alger s'éveille, et nous qu'un beau zèle transporte
Déjà du gouverneur nous franchissons la porte.
Le général Comman est notre introducteur :
Général qu'en tout lieu l'obligeance accompagne,
Il sut, par ses récits, aimable narrateur,
Enchanter nos loisirs à bord du *Charlemagne* ;
Il s'acquitte aujourd'hui du soin qu'il s'est donné
De nous servir de guide et de cicéroné.

6.

Alors à nos yeux apparurent,
Et nous touchâmes de nos mains
Ces fiers étendards marocains
Près de qui naguère moururent,
Sur les rivages de l'Isly,
Tous ces guerriers que le Prophète
N'a pu sauver d'une défaite ;
Leur sang a même rejailli
Sur ces tissus d'or et de soie,
Noble butin, récente proie,
Qui de Paris, où les envoie
Le héros qui les recueillit,
Avant peu vont faire la joie.
On nous montre ce parasol,
Fils, dit-on, de notre industrie,
Qui, ramené sur notre sol,
Y retrouvera sa patrie.
Tout cela fut pour nous, sans doute, curieux :
Mais ce qui nous ravit plus que tous ces trophées,
Ce sont les détails gracieux
De ce castel, palais de fées,
Du gouverneur séjour délicieux.

Là, merveilles de l'art mauresque,

Avec extase nous notons
L'ogive au contour pittoresque,
La frise aux élégans festons,
Et ces admirables dentelles,
Ainsi que le marbre immortelles;
Auprès d'elles nous hésitons,
Tant le ciseau de la sculpture,
Imitateur ingénieux,
En décorant l'architecture,
Y séduit et trompe les yeux;
Les colonnettes en spirales
Entrecroisant, appuis légers,
Leurs ciselures latérales
Sous les balustres étagés;
La chambre autrefois consacrée
A l'odalisque préférée,
Boudoir aux arabesques d'or,
Où d'amour tout palpite encor,
Bien qu'au sortir du champ d'alarmes
Un de nos valeureux guerriers
Vienne aujourd'hui pendre ses armes,
Son uniforme et ses lauriers,
Contre ces murs parés sans doute
Pour un plus frivole dessein,

Où le faible écho de la voûte
Pourrait redire à qui l'écoute
Les secrets soupirs de Hussein.

Tandis qu'ainsi l'heure s'avance,
Et qu'ensuite pour nous le Café d'Apollon
D'un odorant moka parfume son salon,
Un soleil, près de qui le soleil de Provence
Semblerait un fanal éteint,
De ses ardents rayons vient bronzer notre teint.
Loin de la rue alors chacun de nous s'exile,
Pour chercher sur sa couche un solitaire asile;
Et là, d'un demi-jour ineffables effets,
Le sommeil sur nos yeux épanche ses bienfaits.

Mais court est ce repos, promeneurs intrépides,
Bientôt, pour y trouver le général Comman,
Nous traversions à pas rapides
La Place du Gouvernement,
Quand soudain, et ce fut une scène touchante,
Un ami s'offre à nous dont l'aspect nous enchante,
Et qui trop dignement figure en ce récit,
Pour qu'il ne faille pas le signaler ici :
Cet ami, c'est Rohault; sa juste renommée

Parcourt depuis longtemps tous les rangs de l'armée ;
Aide-major habile, il a plus d'une fois
Sous le feu des Bédouins prodigué ses exploits,
Et souvent, revenus d'une rive lointaine,
J'ai vu voler vers lui soldat ou capitaine,
Blessés reconnaissants que son art conserva,
Pressant entre leurs mains la main qui les sauva.

    Tous, installés sur le crin élastique
    D'un de ces chars à l'attelage étique,
Omnibus que Paris importa dans Alger,
Et qui, hors de ses murs, courent d'un vol léger,
Nous gagnons Bab-Azoun. Là les flots de poussière,
Les cris, le mouvement, l'éclat de la lumière,
    Jusqu'à notre corricolo
Qui se rit de la foule et poursuit au galop
    Son aventureuse carrière,
Tout rappelle ce peuple impétueux, mutin,
Qu'électrisent les feux du ciel napolitain ;
Et combien notre vue est mieux encor charmée !
Quelle scène autrement émouvante, animée !
Ces Maltais, ces Bédouins, ces ânes, ces chameaux,
Tout ce monde incessant d'hommes et d'animaux,
Tumulte qu'on ne peut contempler sans vertige ;

Ces palmiers qui, debout, au sommet de leur tige,
Comme un large éventail, balancent leurs rameaux ;
Ces sources où l'on voit, pour en puiser les eaux,
      Assemblage souvent grotesque,
Se presser à la fois la Juive, la Mauresque
      Et la Mahonnaise à l'œil noir ;
Et ce fort Bab-Azoun, redoutable manoir ;
Et ces foins entassés en montagne hardie,
Dont l'œil du fantassin écarte l'incendie ;
Tel est ce gai tableau, si plein d'enchantement,
      Qu'ici même, en le résumant,
Ma mémoire déjà par le temps refroidie
L'évoque devant elle avec ravissement.

      Je n'y saurais insister davantage,
        Car à peine on le distingua
        Qu'on touche au hameau de Laga.
En deux chemins ici la route se partage ;
L'un monte à Mustapha, délicieux coteau,
Où surgit sous des fleurs maint et maint ermitage,
      Et qu'avec soin nous gravirons bientôt ;
L'autre, au bord de la mer à peu près parallèle,
Va suivre ses contours et se couder comme elle ;
Il laisse, à droite, un camp rapproché du vallon,

Occupant du coteau le dernier échelon,
Et frise, vers la gauche, une arène guerrière,
Champ de Mars où tantôt le docile escadron
Vient cadencer ses pas que règle le clairon ;
Et tantôt, instruisant sa valeur meurtrière,
Le tourlourou novice, imberbe conquérant,
Par des combats fictifs charme le vétéran.

    Là ne doit point s'achever notre course.
Aussi bien nous volons toujours, les yeux flattés
Par des sites nouveaux aux sauvages beautés,
Et descendons enfin sur les bords d'une source,
        Bords qui pourraient être cités
        Comme dignes d'être habités
        Par des Péris, par des Sultanes :
Nous y trouvons le Café des Platanes.
        Dans ces lieux, mobile cristal,
    Un frais ruisseau court sous la voûte sombre
De platanes touffus qui lui prêtent leur ombre ;
Et, comme un casino modeste, oriental,
S'arrondit d'un café le dôme solitaire.
    Sous cette voûte, accroupi contre terre,
L'Arabe qu'ont lassé les ardeurs du soleil
Aspire lentement l'odorante fumée

Qu'exhale du tabac la feuille parfumée,
Ou bien, de sa paupière écartant le sommeil,
Hume d'un doux moka la liqueur embaumée.

Non loin de ce café, dont l'humble desservant
Sut rendre la fraîcheur à nos lèvres brûlantes,
S'ouvre un immense enclos, où le riche Levant,
Où les zônes du Sud qu'explore le savant,
Au sol algérien ont confié leurs plantes
Là, directeur habile et fier de maint succès,
Hardy, grâce aux efforts d'une active culture,
Des fruits d'un autre ciel enrichit la nature.
   Nous admirons dans ce *jardin d'essais*,
Auprès du bananier aux feuilles colossales,
Le vanillier grimpant, arôme de nos salles;
Les cactus; l'aloès connu du médecin,
Et l'arbrisseau palmé qui donne le ricin;
Le caféier venu de l'Arabie Heureuse;
L'ananas du Pérou, la canne savoureuse;
La liane qui rampe et le dattier debout;
Le goyavier indien; l'américain bambou;
Le verdoyant hévé, de Cayenne transfuge,
Qui verse à Macintosh sa liqueur hydrofuge,
Et bien d'autres encor, précieux exilés,

Des points les plus divers avec art rassemblés.

Regagnons maintenant la ville ;
Un dîner d'amis nous attend.
Puis, avec Rohault et Dantan,
Sur cette place où va flottant
La foule guerrière ou civile,
Le burnous auprès du caftan,
Au sein de ce monde éclatant,
Sous les feux de mille bougies,
De ces estaminets luttant
De luxe et quelquefois d'orgies,
Caressés par le vent du soir,
Nous viendrons gaîment nous asseoir.
Là, tandis qu'avec un cigare
Chacun de nous rêve et s'égare,
Bercé de songes gracieux,
Tantôt les sons harmonieux
De la harpe ou de la guitare
Nous porteront vers d'autres lieux ;
Tantôt passeront sous nos yeux,
A la lueur pâle et mourante
D'une lanterne transparente,
De vieux et graves musulmans,

Cheminant vers la maison sainte
Dont nous avons vu les imans
Illuminer la vaste enceinte ;
Souvent aussi nous chercherons
A tromper notre soif ardente,
A calmer la chaleur mordante
Qui sans cesse inonde nos fronts,
Par cette eau spumeuse, abondante,
Qu'aiguise le jus des citrons,
Ou bien, utile friandise
Dont nous ne sommes jamais las,
Par ces fruits que l'art cristallise
Avec les neiges de l'Atlas.

TROISIÈME JOURNÉE.

Les Mosquées. — Le Jardin des Condamnés. —
L'Hôpital du Dey.

———o○———

Auprès de notre hôtel, et masquée en partie
Par une galerie élégante, assortie
   A son style religieux,
S'élève une mosquée, abri mystérieux ;
Et, pour utiliser d'abord notre sortie,
Nous y risquons nos pas furtifs et curieux.
Mais là rien de saillant : de modestes pénates,
Sans chapiteaux sculptés, sans nul autre ornement,

Et quelques Maures simplement
Assis ou couchés sur des nattes,
Dans un état probablement
Plus voisin du sommeil que du recueillement ;
Et puis, en avant du portique,
Deux ou trois bananiers au feuillage exotique.

Oh ! que j'aime bien mieux, et qu'elle est en effet
Plus digne d'être ici décrite et remarquée,
Comme un travail plus pur et plus parfait,
A quelques pas de là, cette grande mosquée
Qui sur les promeneurs, quand vient le soir, pendant
Les prières du rhamadan [8],
Dresse comme un fanal ardent
Son minaret où flotte une blanche bannière
Et dont le front est ceint d'un cercle de lumière !
Nous y pûmes entrer un soir, mais les pieds nus,
Comme des visiteurs timides, retenus,
Effacés dans un coin et craignant de paraître.
C'était dans un instant solennel, où le prêtre
Murmurait certains mots d'une traînante voix
Qu'ensuite les croyants répétaient à la fois.
Chaque nouveau-venu rejetant ses sandales,
Avant que de fouler les tapis ou les dalles,

Allait purifier des taches du chemin,
En les plongeant au sein d'une onde jaillissante,
Son visage, ses pieds et l'une et l'autre main :
Bientôt dans cette foule inclinée ou gisante
Il passait lentement, drapé de son burnous ;
    Les yeux baissés, dans un lieu solitaire
    On le voyait tomber sur ses genoux,
    Se prosterner la face contre terre,
    Se relever en croisant ses deux bras,
Se pencher vers le sol et moduler tout bas
Des versets du Koran que nous n'entendions pas.

Tout en prêtant l'oreille à ce chant monotone,
Charmés de ce tableau dont chaque scène étonne,
Nos longs regards erraient avec ravissement
Sous les cintres aigus du pieux monument ;
Muets nous admirions la double galerie
Et des trois hautes nefs la noble symétrie,
L'ogive au large ventre et ses lointains arceaux,
La colonne légère aux mauresques rinceaux ;
    Et mainte lampe aux voûtes suspendue
Qui prodiguait le jour sous leur triple étendue :
    Leurs mille feux, scintillante clarté,
Du temple rehaussaient la sainte majesté.

DEUXIÈME PARTIE.

Reprenons notre itinéraire ;
La mosquée en passant vient de nous en distraire,
Et dans Bab-el-Oued, aux abords fortunés,
Visitons ce jardin : *Jardin des condamnés.*

Un mot à ce propos : dans les rangs de l'armée,
Quiconque transgressant ou l'honneur ou les lois
A par quelque méfait terni sa renommée,
Fût-il même d'avance absous par ses exploits,
Comme un membre flétri que la gangrène altère,
Est élagué soudain loin du corps militaire ;
Et s'il n'a mérité, rigide châtiment,
De l'austère Thémis quelque arrêt infamant,
Il est alors contraint, comme œuvre expiatoire,
A subir du travail la peine transitoire.
Nous les verrons circulant dans Alger
Ces hommes que n'a point courbés l'ignominie,
La tête haute encor, le pied léger,
De leurs pas cadencés mariant l'harmonie ;
Nous les retrouverons, ici, la pioche en main,
Sur un mont escarpé suspendant un chemin ;
Là, d'un sol rocailleux défrichant les entrailles,
Ou creusant des fossés et dressant des murailles.

Ce sont eux dont les soins actifs, industrieux,
Tracèrent les contours d'un jardin gracieux
    Sur les flancs de cette colline,
Séduisante oasis d'où le regard s'incline
Vers la route bruyante aux poudreux tourbillons
    Et vers la prochaine esplanade,
Des amants de la mer pensive promenade,
Quand n'y manœuvrent pas nos braves bataillons.

    Laissons à droite de la route
    Ce fort, pittoresque redoute,
Et donnons un regard à ces tombeaux nombreux,
Pauvre et champêtre asile où dorment les Hébreux.
    Non loin de là, forçant avec un signe
D'un gardien vigilant l'impuissante consigne,
Rohault nous introduit dans l'*hôpital du Dey*,
Séjour chéri d'Hussein quand l'amour l'y guidait.
Un soleil tropical flamboyait sur nos têtes :
Mais là, ruisseaux partout au murmure incessant,
Et des tièdes zéphyrs le souffle caressant ;
Partout, dans ces jardins qu'ont ornés tant de fêtes,
Et le parfum des fleurs sans cesse renaissant,
Et tout ce dont s'enivre un cœur incandescent.
Là je revois encor ces bassins dont les marbres

DEUXIÈME PARTIE.

Invitaient au bain parfumé,
Ces orangers au fruit savoureux, embaumé,
Ces bananiers plus hauts que la cime des arbres.
J'y revois le frais corridor,
La voûte aux arabesques d'or,
Le mur de porcelaine aux coquettes losanges ;
Et dans cet Eden enchanté
Dont les amours furent les anges,
Où le bonheur ne fut que volupté,
J'ai peine, je l'avoue, en fouillant ma mémoire,
A me ressouvenir que, par un sort fatal,
Des beaux jours d'autrefois la ravissante histoire
N'a plus qu'un prestige illusoire,
Que ce palais oriental
N'est aujourd'hui qu'un hôpital...
Un hôpital ! un lieu que la mort inhumaine,
La souffrance du moins, a choisi pour domaine ;
Oui, mais un hôpital que, sans être flatteur,
Je puis presque appeler un asile enchanteur.

C'est son habile directeur
Qui nous reçoit et nous promène :
Il nous fait admirer ces lits bien espacés,
Et leurs voiles de lin par rayons entassés ;

Il nous montre, arsenal où puise la pratique,
Les trésors variés de l'art pharmaceutique,
Et ces lavoirs où l'eau bouillonne à flots-pressés ;
Ces bosquets merveilleux où la convalescence
Cueille les fruits semés jadis par la licence ;
Jusqu'au laboratoire où, modeste Vatel,
Penché sur ses fourneaux, l'actif maître d'hôtel,
Stimulant du brasier les flammes déjà vives,
Combine le festin de ses huit cents convives ;
   Puis, à l'ombre du citronnier,
   Et sous les feuilles du lentisque,
L'élégant presbytère où veille l'aumônier
   Près du bassin de l'Odalisque.

   Nous rapportâmes de ces lieux
   Des souvenirs délicieux,
 Rêvant bien moins, dans nos pensers profanes,
   A des malades soucieux
   Qu'à des houris, à des sultanes,
Et, qui plus est, comblés de fleurs et de bananes.

QUATRIÈME JOURNÉE.

La Poste aux lettres. — Jours des départs pour la France et le littoral. — Le Bazar d'Orléans. — Mustapha inférieur et Mustapha supérieur. — Le Couvent du Sacré-Cœur. — Déménagement. — Les Nuits d'Alger. — Les Moustiques.

Que la patrie est chère ! on l'a bien répété :
Celui-là seul pourtant qui s'est éloigné d'elle
Sait combien cet adage est exact et fidèle,
Et nous en comprenons surtout la vérité,
Quand sous un autre ciel une longue missive,
Baume consolateur pour notre âme pensive,
Nous apporte au-delà des vagues ou des monts
Les entretiens si doux de ceux que nous aimons.

Une lettre! oh! combien ce remède magique
Est prompt à dissiper le poison nostalgique!
Une lettre! oh! combien nous sentîmes de fois
Tressaillir tout notre être à sa joyeuse voix!
Alors qu'en l'écoutant, ravissante féerie,
Soudain apparaissaient à notre rêverie
Le paisible séjour pour nous si plein d'attraits,
Les amis qui nous ont suivis de leurs regrets,
Les parents dévoués, notre sœur gémissante,
Et tous les souvenirs de la patrie absente.
Courons donc, et l'espoir dont nous sommes bercés
Ne fera point défaut à nos vœux empressés,
Courons vers ce bureau retiré, solitaire,
Des lettres de Paris lointain dépositaire;
Et là, de nos lecteurs prévenant le besoin,
Copions, pour pouvoir les redire avec soin,
Les jours où le courrier de France nous arrive.
Et d'abord, quand part-il de l'africaine rive?

Les cinq, quinze et vingt-cinq, le bateau de l'Etat
S'élance vers Toulon; quant à ceux que fréta
La ville de Marseille, active concurrente,
Ils ne prennent la mer que les dix, vingt et trente :
    En sens inverse alternant leur retour.

L'un et l'autre courrier reviennent tour à tour.
Les dix, vingt et le jour où chaque mois s'achève,
Un autre sert la côte où Bone se relève ;
Un dernier, que réclame un but tout différent,
Cingle chaque mardi vers la cité d'Oran.

Que vois-je maintenant? Quel est cet étalage
De tapis, de coussins, de poignards, de burnous,
D'innombrables objets étonnant assemblage?
Quel est ce curieux tunnel? où sommes-nous?
Nous venons de franchir une modeste place
Où, devant le palais, séjour du gouverneur,
   Par un bien légitime honneur,
Sous de simples dehors, l'évêché se prélasse ;
Et pour suivre la foule allant à tout hasard,
Nous nous sommes trouvés sur le seuil d'un bazar.
Là, tout d'abord, marchand, marchandise, boutique,
Tout se montre à nos yeux imprévu, fantastique.
Les boutiques, ce sont des niches; leurs vieux murs
Sont chargés d'oripeaux, ou de rayons obscurs,
Et leur étroit plancher se pare d'une natte,
Sur laquelle accroupi silencieusement,
Un Maure, qui de loin vous semble un cul-de-jatte,
Vous regarde passer immobile et fumant.

Approchez cependant ; à la moindre parole,
Ce rêveur va pour vous jouer un nouveau rôle ;
Il va se redresser lentement, le pied nu,
    Vous adressant un jargon inconnu,
Détritus espagnol où l'arabe transpire,
Et qu'Alger a nommé le langage *sabire*.
D'un air majestueux, presque impassible encor,
Il ouvre ses tiroirs, et devant vous étale
Tout ce qu'a su créer la pompe orientale :
Le mouchoir que Tunis brocha de soie et d'or ;
La bourse algérienne à Paris imitée ;
Ces coffrets où la nacre, aquatique décor,
A des bois odorants se marie incrustée ;
L'écharpe aux plis soyeux de Stamboul importée ;
Les étuis élégants, arsenal du fumeur,
Et ces cristaux dorés, trésor du parfumeur,
Où, riche des bienfaits dont l'aurore l'arrose,
Stamboul emprisonna le jasmin et la rose ;
Puis, misères qu'on aime emporter comme dons,
Ces glands, ces bracelets, ces colliers, ces cordons,
Séduisant attirail dont cette galerie
Chatouille les regards de la coquetterie.

    Et combien n'ai-je point dans cette liste omis

De ces riens dont chacun se montrerait avide,
Souvenirs qu'au retour partagent les amis,
Si l'on ne craignait pas qu'un douanier livide,
Dans le port de Marseille, au sortir du bateau,
Ne vînt les flageller d'un rigoureux veto!
Heureux, si contre vous son ardeur anomale,
Scrutant jusques au fond votre gisante malle,
Ne vous intente point un absurde procès
Pour d'innocents tissus nés sur le sol français.
Prenez garde, en effet, si votre fantaisie
Est de ne pas rentrer sous votre toit natal
Sans quelque souvenir ou d'Afrique ou d'Asie,
D'acheter à grands frais et pour oriental
Quelqu'un de ces produits d'une valeur minime,
Enfant adultérin de Lyon ou de Nisme,
Par de trompeuses mains habilement paré;
Et redoutez surtout ce faux compatriote
Si c'est quelque Moïse, ou quelque Iscariote,
Quelque juif en un mot, quelque fourbe taré,
Qui vous vend comme vrai ce fruit dénaturé.

Ici nous avons moins à craindre:
Dociles au Koran et craignant de l'enfreindre,
Les Maures, de tout temps, par leur intégrité,

Ont su se faire un nom justement mérité.
Auprès de l'un d'entre eux nous avons complété
    Notre légère pacotille :
Les flacons de Stamboul, avec l'ambre en pastille ;
Les babouches, travail de l'artiste africain ;
L'avanico d'Espagne, éventail populaire,
Qui servit d'Hussein-Dey l'historique colère ;
Les mouchoirs de Tunis ; un siége marocain ;
Les bracelets d'Alger ; une écharpe mauresque,
La longue pipe enfin au tube barbaresque.

    Poursuivons donc, mais comment s'arracher
De ces lieux où pour nous toute chose est nouvelle,
Où devant chaque pas, même sans la chercher,
    Une surprise se révèle ?
Ici, nous demeurons étonnés, ébahis,
En voyant ces brodeurs, troupe laborieuse ;
Leur aiguille s'exerce, habile, ingénieuse,
A dorer devant nous la veste des spahis :
Plus loin, ce sont encor des artistes d'élite ;
Ils chargent de festons la robe israélite,
Ou, sans jamais brouiller leurs savants pelotons,
Du costume mauresque argentent les boutons ;
Tandis qu'un autre, aussi vaporeux dans sa pose

Que le danseur napolitain [9],
Imprime de son pied que jamais il ne pose
A sa bobine errante un choc brusque et soudain,
Au moment où ses mains, qu'avec grâce il déploie,
Dévident dans les airs de longs flocons de soie.

Nous venons d'aspirer le suave bonheur
Qui charme dans Alger un touriste flâneur ;
Suivant dans Bab-Azoun une foule animée,
    Reprenons cette route aimée,
Et dans un omnibus au modeste sofa
Regagnons lestement le camp de Mustapha.
Là d'abord, et ceci trompera notre attente,
Point de soldats couchés à l'ombre de la tente :
Des baraques de bois, solides pavillons
Avec ordre espacés, logent nos bataillons.
Là, sous des toits, abri de la cavalerie,
Hennissent ces coursiers, troupe ardente, aguerrie,
Qui, dressés par l'Arabe, actifs, les crins flottants,
Doublent de leur ardeur l'ardeur des combattants.
Là de plus, des blessés asile tutélaire,
Un nombreux hôpital qu'un jour splendide éclaire,
Où Rohault vint longtemps, lutteur persévérant,
Arracher à la mort le malade expirant ;

Où Méquignon, qu'ici ma muse remercie
      Des souvenirs qu'il m'a laissés,
Méquignon, que chacun en ces lieux apprécie,
Ouvrit l'un des premiers, par ses soins empressés,
      Les trésors de la pharmacie.

Mais l'astre étincelant dont le feu nous brunit,
Au-dessus de nos fronts a touché le zénith.
      Fuyons sa chaleur dévorante ;
      Cherchons le silence et la paix,
      Et la source désaltérante
      Qui court sous le feuillage épais.
      Lentement alors nous gravîmes
      Des sentiers abrupts, mais boisés,
      Et, haletants, nous nous assîmes
      Sous les rameaux entrecroisés
      De noirs sapins à hautes cimes,
      Admirant de ce belvéder,
      Où nous caressent des flots d'air,
      Le versant à la molle pente
      Qu'embaume le parfum des fleurs,
      La route qui fuit et serpente
      Au sein de leurs mille couleurs ;
      Les rochers lointains et sauvages,

Les dentelures des rivages,
La mer si bleue à l'horizon ;
Puis, en-deçà, sur le gazon,
Mainte villa, blanche famille,
Par l'ombrage de sa charmille
En vain dérobée à nos yeux,
Et que trahit ce soin lui-même,
Et surtout sa blancheur extrême
Qui tranche sur l'azur des cieux.

Vers un de ces castels, un des plus solitaires,
Un de ceux qui peut-être avec plus de mystères
Eludent les regards humains,
Nous ont conduits d'invisibles chemins :
D'un léger choc imprimé par nos mains,
Le marteau fait vibrer la porte catholique
Que signale une croix, emblème évangélique,
Et bientôt une sœur, au mystique maintien,
A la robe claustrale, au timide entretien,
Ouvre devant nos pas une de ces demeures
Où, pour sanctifier le cours réglé des heures,
La femme, sous un joug librement accepté,
Immole à Dieu son cœur et sa virginité.
Là pourtant, sous ces murs, par un frappant contraste,

Tout semble dire encor que moins pur et moins chaste,
Celui qui le premier embellit ce séjour
Servit dans son enceinte un plus profane amour.
 Nous y trouvons ces bassins pittoresques
Où, loin des feux du jour, se baignaient les Mauresques,
Le divan préservé des ardeurs du midi ;
L'élégant marabout comme un dôme arrondi :
Et voyez ce salon plein de terrestres charmes,
Qu'au doux nom de sa mère, interdite et rêvant,
L'enfant que nous cherchons arrose de ses larmes,
Ne rappelle-t-il pas le boudoir où, souvent,
 A son vainqueur Vénus rendit les armes,
Mieux que l'humble parloir d'un austère couvent?

C'est assez pour un jour d'émouvantes merveilles.
  Un mot encore, ami lecteur :
  Si tu désires que l'auteur
  Te conte au long toutes ses veilles,
  Vois-le comme un joyeux mortel,
D'un pas précipité, rentrer dans son hôtel.
 Il va changer son gîte peu sortable
  Contre un autre plus acceptable,
   D'où le regard plane gaîment
   Sur le tumulte de la rue.

Son alcôve, plus largement
Par l'air du dehors parcourue,
Va lui permettre, heureux destin,
De livrer au sommeil sa pesante paupière
Depuis le soir jusqu'au matin,
Sans se voir obligé pendant la nuit entière
Plus de deux ou trois fois régulièrement,
De quitter, grâce aux feux de la chaude Algérie,
Sa couche pour sécher, sans qu'elle soit tarie,
L'eau qui baigne son vêtement.
Fasse encore le ciel qui de nos nuits dispose
Que, pendant les lenteurs de cette triple pause,
Le moustique altéré de sang
Ne vienne pas lui-même empressé, franchissant
De nos légers rideaux la barrière impuissante,
Avec son chant de guerre, harmonie incessante,
Avec son aiguillon vénéneux, acéré,
D'une façon, hélas! trop directe et trop sûre,
Bannir loin de nos fronts, meurtris par sa blessure,
Le repos jusqu'au jour vainement espéré!

CINQUIÈME JOURNÉE.

Les lettres de recommandation. — L'Amiral. — Monseigneur Dupuch. — Le général de B***. — Le maréchal Bugeaud. — Une Soirée au théâtre d'Alger.

———o o———

O vous tous que vos destinées
Doivent conduire aux terres fortunées
Que nous foulons en ce moment,
Pour prévenir un dénûment
Toujours fâcheux, je vous engage
A glisser dans votre bagage,
Avec un soin religieux,
Ces missives que dicte un zèle officieux,

Qui devant vous plus tard, utiles viatiques,
D'un seuil hospitalier ouvriront les portiques,
Et vous feront trouver près du foyer admis
Tout un monde nouveau de parents ou d'amis.
Il est si doux, jeté sur l'africaine rive,
De ne point y vaguer solitaire, étranger,
De savoir là quelqu'un tout prêt à partager
Les élans de votre âme ou joyeuse ou craintive,
Qui vous tende la main à l'heure où l'on arrive,
Et, s'il en est besoin, puisse contre un danger
    Vous défendre ou vous protéger.

Nous allons aujourd'hui de cette jouissance
    Chercher l'attrait pur et flatteur.
Aussi, dans ce détail je serai court, l'absence
Chez moi ne fait pas tort à la reconnaissance ;
Mais, alors qu'on écrit, parfois la réticence
    Est de droit envers le lecteur.
Ainsi, l'on concevra sans peine que j'hésite,
Et ne puisse évoquer sans un certain souci,
Comme si je voulais me décorer ici
    Du reflet de notre visite,
L'amiral qui commande aux rapides vaisseaux
Que la rade d'Alger voit flotter dans ses eaux ;

Le pasteur vénéré des chrétiens de l'Afrique,
Qui lui-même voulut dévoiler à nos yeux
La structure magique et les trésors pieux
De son palais, séjour admirable et féerique ;
Le général de B*** doublement respecté
  Pour ses talents et sa bonté ;
Le maréchal enfin dont chacun sait l'histoire,
Le modèle et le chef de nos braves guerriers,
Qui, tout brillant encor des illustres lauriers
Qu'ajoutait à son front sa récente victoire,
Daigna nous emmener lorsque le jour eut fui
Dans sa loge d'honneur modestement parée,
Afin d'y partager assis auprès de lui
Les charmants entretiens de tout une soirée.

Soirée enchanteresse, où toujours je revois,
Non le balcon chargé de riantes toilettes,
Ni l'orchestre semé de riches épaulettes,
Ni la jeune première à la moelleuse voix,
Mais ce bon maréchal qui, comblant notre envie,
Fidèle historien, nous conte ses exploits,
Nous redit en détail sa belliqueuse vie,
Et cette longue route avec éclat suivie
Sur ce terrain sanglant miné par les combats,

Et puis, quand le fallot vient attendre ses pas,
Quand la toile qui tombe au départ nous convie,
Honore de son bras ma compagne ravie.

Voilà des souvenirs qui, chers à mes pensers,
De mon cœur ne sauraient jamais être effacés,
Et sur eux cependant il faut bien que je glisse,
De peur qu'on ne me vienne avec quelque malice
Rappeler que je dois, quel que soit mon émoi,
Parler ici des lieux bien plutôt que de moi.

SIXIÈME JOURNÉE.

La Cathédrale d'Alger. — Une Revue au camp de Mustapha. — Une *Fantasiah*. — Départ d'une colonne pour Dellys.

Nous avons vu d'Alger la pompe théâtrale.
D'un tout autre devoir prompts à nous acquitter,
      Allons ce matin visiter
      Ce qu'on nomme sa cathédrale.
Non loin de l'évêché s'élève, belle encor,
Belle de sa grandeur, de maint et maint décor
Qu'un ciseau sarrazin burina sur ses voûtes,
Une vaste mosquée admirable entre toutes;

Celle pour qui l'iman, dans ses justes douleurs,
    Et le croyant agenouillé loin d'elle,
Ont le plus dépensé de soupirs et de pleurs,
En voyant retentir sous son dôme infidèle
        Des chants qui n'étaient plus les leurs.

Ce fut elle, en effet, qui tout d'abord choisie,
Sitôt que notre épée eut vaincu l'hérésie,
Devint le plus auguste et le plus vénéré
Des temples où le Christ allait être adoré.
      Là, dès le jour où notre eau sainte
Eut de son vieux levain purifié l'enceinte,
L'écho qui jusque-là contre nous blasphémait,
Oubliant aussitôt Koran et Mahomet,
Se mit à répéter, brusque palinodie,
Les sonores accents de notre psalmodie.
Là vint se prélasser, près de l'aube aux longs plis,
La chape étincelante ou le léger surplis,
Et, paré des splendeurs que notre culte étale
        Aux jours de nos solennités,
Le prélat promena superbe, à pas comptés,
        Sa crosse d'or pontificale.
Mais bientôt, exigence à mon avis fatale,
Pour les besoins accrus de ce rite imposant,

Il fallut agrandir le temple insuffisant.
Alors, pour élargir ses voûtes circulaires,
Pour alonger les bras de ses nefs séculaires,
Pour asseoir, en un mot, le futur monument,
      Vous pouvez voir en ce moment
Inclinés sur cette œuvre à peine commencée
De Vandales français une troupe empressée.
L'un y fouille le sol et se heurte surpris
Contre un de ces planchers, mozaïques de prix,
Du luxe des Romains vestige impérissable ;
Tel autre, bâtisseur envoyé de Paris,
Déjà dresse le fût aux chapiteaux fleuris,
Ou combine en chantant le ciment et le sable,
Déplorable labeur qui, fâcheux résultat,
N'aura vu s'engloutir les deniers de l'État
Que pour offrir un jour à la foule interdite
L'ensemble incohérent d'un temple hermaphrodite.

Cependant que ce long et triste enfantement
Déchire les regards du pieux musulman,
Sous le modeste toit d'une étroite mosquée
Par son vieux minaret au fidèle indiquée,
Nos prêtres ont porté leurs prières, leurs chants,
Leurs prônes, leurs sermons terribles ou touchants,

Leurs tribunaux où vient pleurer la pénitence,
Et la cuve où l'enfant renaît à l'existence.
C'est là que maintenant se dirigent nos pas ;
Et qu'y remarquons-nous ? Rien, car je ne crois pas
Devoir noter ici l'usage un peu barbare
Qui sur le seuil choisit les sexes, les sépare,
Et devant les autels isole et désunit
Ceux qu'en les rapprochant Dieu lui-même bénit.
Je ne dis rien non plus de mainte autre coutume ;
Des femmes de l'Espagne au sémillant costume,
Des hommes que Mahon ou que Malte exila,
Bandits que bien souvent le sol natal repousse,
Effroi de nos colons, et qui pourtant sont là
Se frappant la poitrine et se baisant le pouce.

  Mais qu'ai-je vu ? Des plus lointains faubourgs,
Des sombres carrefours, du fond de chaque rue,
  Au triple son dont vibrent les tambours,
  Vers Bab-Azoun la foule est accourue.
Suivons donc, nous aussi ; sortons des murs d'Alger,
  Et par le flot nous laissant diriger,
Gagnons dans Mustapha cette arène guerrière
Des modernes tournois innocente carrière.

Là se presse en effet par nombreux pelotons
Tout ce que dans Alger aujourd'hui nous comptons
De soldats de tout âge et même de toute arme :
Le zouave léger, que nul danger n'alarme,
Avec sa veste maure et son col découvert,
Et son *fez* sur lequel s'enroule un turban vert ;
Nos adroits tirailleurs rangés en double ligne ;
Nos chasseurs africains ; nos piétons de la ligne ;
Ces artilleurs enfin qui, d'un vol effréné,
Mitraillent au galop l'ennemi consterné.
En face, et par l'aspect s'en distinguant à peine,
S'échelonne d'Alger toute l'armée urbaine :
Grenadiers, voltigeurs aux képys élégants,
Marins même, exercés à la lutte navale,
Et puis, des fantassins sémillante rivale,
La garde qui bondit sur des coursiers fringants.

Quelle est donc cette troupe en désordre entassée,
Étrange vision, mascarade insensée,
Qui, soulevant le sol en poudreux tourbillons,
Mêle à nos régiments ses bruyants bataillons ?
Quels hommes cependant ! quelle prestance altière !
Et comme il fait beau voir voler dans la poussière
    Les plis drapés de leurs haillons !

DEUXIÈME PARTIE.

Ils avancent, leurs rangs se serrent, s'épaississent;
Ils ont quitté leur camp, ces tentes que leurs mains
Amarrèrent la veille aux buissons des chemins;
  Près de nous leurs chevaux hennissent;
  Approchons, contemplons de près
Ces mâles Africains, la fierté de leurs traits,
Cet attirail guerrier qui sur eux se déploie,
Ce fusil qu'à leur dos suspend une courroie,
Leurs burnous, le haïck que fixent sur leurs fronts
Ces cordes que le poil des chameaux a tressées,
Ces selles autour d'eux doublement retroussées,
Leurs larges étriers et leurs longs éperons.
Ces hardis cavaliers, ces combattants sauvages,
Dont plus d'un contre nous jadis se mesura,
  Sont venus là des plus lointains rivages,
Des lieux même voisins du vaste Sahara;
  Ils sont venus, pour fêter la victoire
Qui naguère, abattant un nouvel ennemi,
A, par son vif éclat, pour longtemps affermi
  Le vainqueur de leur territoire;
  Ils sont venus plus de six cents!

  Entendez-vous ces accords glapissants,
  Cette criarde et bizarre harmonie,

Prélude singulier, ridicules accents,
 Pour semblable cérémonie?
 Voici qu'au son du tambourin,
 Du hautbois, du cornet d'airain,
 Ou plutôt de la cornemuse
 Dont chez nous l'Auvergnat s'amuse,
 Au bruit infernal et strident
 D'une musique sans pareille,
 Du concert le plus discordant
 Qui jamais brisa notre oreille,
Scheicks, kaïds, kalifats [10], tous les chefs vénérés
Que revet le burnous aux couleurs éclatantes,
Et dont l'or et la soie embellissent les tentes,
Arrivent noblement : quelques-uns sont parés
D'un chapeau que l'autruche orna de son plumage,
Insignes de bravoure et somptueux hommage
 Qu'ils ont conquis dans les combats;
D'autres, pour s'être un jour illustrés sur nos pas,
Portent, dons précieux, de riches carabines;
Ou la croix de l'honneur brille sur leurs poitrines.
 Derrière eux, plein de dignité,
Le maréchal qu'ils ont par honneur escorté,
S'avance, précédant sur l'arène poudreuse
De ses grands officiers la cohorte nombreuse :

Il passe entre les rangs avec art alignés;
Et, sitôt qu'il arrive à ceux plus éloignés
Que le *goum* [11] indigène a tracés dans la plaine,
Cette troupe, suivant l'usage des déserts,
Jetant, à son aspect, des cris à perdre haleine,
Du bruit de mille feux fait retentir les airs.

Bugeaud a parcouru le Champ de Mars immense;
Majestueux coup d'œil : mais nous sommes ici
Pour tout autre spectacle, apprêtons-nous, voici
　　　La *fantasiah* [12] qui commence :

　　Du point extrême et le plus reculé
Où le *goum* des Bédouins se groupe accumulé,
Sur le terrain uni du long quadrilatère
S'élancent tout à coup, emportés ventre à terre
Par l'étonnante ardeur de leurs maigres coursiers,
Deux d'abord, et plus tard quatre ou cinq cavaliers:
Leur effrayante course a dévoré l'espace;
L'œil cherche à suivre en vain ce tourbillon qui passe.
　　Dès que leurs bras, prompts à se dégager,
Ont pu saisir leur arme au ceinturon léger,
Du doigt qui la soutient raccourcissant la rêne,
On les voit brusquement s'arrêter dans l'arène

Debout sur l'étrier, et d'un soudain éclair
Le long tube d'acier a fait crépiter l'air;
Et, non moins vifs à fuir qu'ils le sont à s'abattre,
    Tel est leur mode de combattre,
Les voilà qui, chargeant l'arme éteinte en courant,
D'un pas précipité retournent dans leur rang.

Oh! combien pour nos yeux cette scène eut de charmes!
Ces chevaux, ces burnous, ce cliquetis des armes,
Ces agiles Bédouins, dont on nous parla tant,
Qui, si lestes, penchés sur leurs coursiers humides,
    Font devant nous en combattant
    Repasser les anciens Numides;
Leurs prières parfois au moment du départ,
Ce fusil qui tournoie au-dessus de leur tête;
Leur vol impétueux, leurs cris quand le coup part;
    Pour couronner cette imposante fête,
Tout le *goum* qui s'ébranle et se rue à la fois,
Admirable chaos, merveilleuse mêlée,
Tumulte de chevaux, de fusils et de voix;
Enfin, pour assistants, cette vaste assemblée
De costumes divers brillamment constellée;
Les monts de Mustapha, cadre de ces tableaux;
Ce ciel étincelant, cette mer et ses flots,

Tout cela nous ravit comme un songe extatique,
Et semble à ma pensée un drame fantastique.

Tandis qu'ainsi la fête enchante nos esprits,
Un bruit fâcheux circule, on a soudain appris
Que, secouant un joug qu'à regret il supporte,
L'Arabe des Flissas chez lequel, au printemps,
Notre armée a cueilli des lauriers éclatants
Vient de bloquer Dellys, qu'il assiége sa porte :
Et ce bruit ne peut être un message trompeur,
Voici que dans le port un navire à vapeur,
Pour voler au secours de la ville alarmée,
Obscurcit l'horizon de sa noire fumée ;
Et l'actif maréchal, afin qu'un châtiment
Inévitable et prompt suive la perfidie,
A désigné pour chef au corps qu'il expédie
Notre obligeant patron le général Comman.
C'est même ce dernier, dès qu'elle se révèle,
Qui vient nous annoncer l'affligeante nouvelle ;
Et, le regret dans l'âme et des pleurs dans les yeux,
Nous avons répondu par de tristes adieux.
Plus tard, dès que ce fut l'heure crépusculaire
Où pour de gais festins notre salon s'éclaire,
Quand, appelés dehors par la voix du clairon,

Nous vîmes du balcon, belvéder de la rue,
Ces soldats qui partaient, vieux troupier ou recrue,
Tous, l'espérance au cœur, l'insouciance au front,
Nous ne pûmes, devant cette brave folie,
Pour longtemps au-delà bannir de nos pensers
Le sentiment amer d'une mélancolie
Qui devait jusqu'au soir nous tenir oppressés.
Nous songions à tous ceux pour lesquels se tourmente
Une mère éplorée, une sœur, une amante,
 Et qui s'en vont affronter le trépas,
A ceux qui, maintenant pleins d'ardeur et de vie,
Verront bientôt peut-être et pour toujours ravie
Cette vive santé vrai trésor ici-bas;
A ceux qui reviendront rapportant des combats
Un membre flagellé d'affreuses meurtrissures,
Un visage flétri d'éternelles blessures;
  A ceux qui ne reviendront pas.

SEPTIÈME JOURNÉE.

Une Visite chez le colonel Yusuf. — Les nouvelles
constructions du faubourg Bab-Azoun.

———o◦o———

Parmi les officiers dont le pompeux cortége
Autour du maréchal resplendissait hier,
Enfants chéris de Mars et que le sort protége,
Le plus éblouissant peut-être, le plus fier,
    Celui qui sut par son allure,
Par son coursier fringant à la noble encolure,
Plus que tous captiver nos regards ébahis,
Ce fut, qui ne connaît sa belle renommée?

Le colonel Yusuf, Murat de notre armée,
      Qui commande à tous les spahis.
Derrière lui piaffait, docile satellite,
Sur un beau coursier noir, un guerrier africain
Qu'il avait équipé d'un costume d'élite
Conquis par sa valeur dans le camp marocain.
Ainsi d'un dolman vert, singulier uniforme,
On remarquait d'abord la couleur et la forme ;
Ainsi d'un long fusil au profond bassinet,
Superbe, il brandissait la baïonnette ardente,
Et son front était ceint d'un conique bonnet,
Et l'or étincelait sur sa selle éclatante :
Et devant tous Yusuf, qui l'eût osé nier?
Disait, en le montrant : Je l'ai fait prisonnier.
Nous ne soupçonnions pas l'innocent stratagème,
Ce n'était qu'un des gens de sa suite, et lui-même
      Nous l'avoûra le lendemain.

Nous venons, en effet, par un sombre chemin
Qui sillonne, blotti sous l'épaisse feuillée,
Une pente adoucie et de fleurs émaillée,
Visiteurs attendus, d'arriver à Laga.
Là, l'intrépide Yusuf, comme un heureux aga [12],
Aime à venir parfois sous un paisible ombrage,

Oublier les périls où brilla son courage.
　　　　Prodiguant pour nous dès le seuil
Le charme hospitalier de son aimable accueil,
Il va nous détailler sa villa si jolie,
Ses balcons étagés, sa belle panoplie,
Ces trésors si divers : poignards, yatagans,
Selles aux pommeaux d'or, aux arçons élégants;
　　　　Ce costume aristocratique,
Dont il développait le luxe asiatique,
Quand tout un peuple entier sous son sceptre de bey,
Aux jours de sa splendeur, en tremblant se courbait :
Il va nous promener dans ses fraîches allées,
Au sein des orangers, des blancs camélias,
Et nous emporterons entre nos mains comblées,
Admirable bouquet, soixante dahlias.

Fuyons, en revenant, la route populeuse
Où court incessamment une foule houleuse,
　　　Et contemplons ce moderne quartier,
Ce nouveau Bab-Azoun qu'exploite le rentier.
Ce désordre, ce bruit, tempête étourdissante,
Sonore enfantement d'une cité naissante,
Ces tables de granit que fouille le ciseau;
Ces corniches qu'il aime évider en biseau;

Ces hôtels étalant leurs fenêtres béantes ;
Ces larges carrefours aux arcades géantes ;
Ces blocs amoncelés de solides moellons ;
La cuve où le trottoir, ce parquet de la rue,
   Bouillonne en épais tourbillons ;
Plus loin l'échafaudage aux longs bras, ou la grue
   Aux gigantesques échelons ;
   Tout ce faubourg où les colons
Vous demandent, charmés du produit de leurs veilles,
Si vous n'êtes pas fiers en voyant ces merveilles,
Preuve que l'art par eux est dignement compris,
   De vous croire encore à Paris ;
Ce tableau franchement est chose assez étrange,
Et veut que le touriste, innocent amateur
Des prodiges du flot dit civilisateur,
Pour le voir en passant s'arrête et se dérange.

Pour nous, qu'il vient aussi d'occuper un instant,
   Donnons ensuite en le quittant
Quelques regards du moins bienveillants, sympathiques,
A ces réduits déserts, à ces tristes boutiques,
D'où, le Code à la main, l'ardent démolisseur
Bientôt repoussera leur pauvre possesseur.
   Et lui, sur ces rares décombres,

D'un bazar qui n'est plus trop misérables ombres,
Il s'assied cependant impassible, isolé,
Mêlant au miasme impur par l'asphalte exhalé
  Les doux parfums du narghilé.

HUITIÈME JOURNÉE.

La Kasbah. — **La Maison du commandant D*****. — **La Porte** *neuve*. — **L'Hôpital Tagarrin.** — **La nouvelle enceinte d'Alger.** — **La ville arabe.** — **La Mairie.**

———○●———

Du jour où, successeur d'un tyran exécrable [14],
Hussein eut accepté ce pouvoir peu durable,
Ce sceptre dont l'éclat si vite pâlissait ;
Pour préserver ses jours du funeste lacet,
Terreur du despotisme, espoir du janissaire,
Pour chercher un abri trop souvent nécessaire,
  Devant lequel toute émeute tombât,
Hussein vint se blottir au fond de la Kasbah [15].

Là, tout ce qui défend une cité guerrière,
Porte aux robustes gonds, murs épais, meurtrière,
Herse, machicoulis par la peur inventé,
Soldats braves et sûrs, belliqueuse milice
Qui vendait cher son zèle et sa fidélité ;
  Pour s'exercer dans l'amoureuse lice,
Les trésors d'un harem aux séduisants attraits,
Trésors renouvelés avec art, à grands frais ;
Enfin, tribut honteux versé par les deux mondes [16],
De pesants monceaux d'or sous des voûtes profondes ;
Tout cela lui faisait de ces paisibles jours
Que de rares soucis attristent dans leur cours.
Dans cette heureuse paix sa vie emprisonnée
Allait y voir s'éteindre une douzième année
Quand, au bruit du canon, aux éclats de l'obus,
Légitime vengeur d'innombrables abus,
S'éveilla tout à coup sa mollesse assoupie,
Et pour prix d'un affront que le fer seul expie
Il dut résilier à son noble rival
Ce sceptre dont naguère il flétrissait Derval.

Oh ! ce fut un moment digne qu'on l'éternise,
Et que d'un juste honneur ma voix le solennise,
Que l'heure mémorable où, de son bras puissant,

Bourmont courba le front de la ville infidèle,
Et planta ses drapeaux, héritiers du croissant,
      Sur les tours de la citadelle.
Portons donc vers ces lieux nos regards empressés :
Allons redemander à ces froides murailles,
A ce cachot souillé par tant de funérailles,
      Ces souvenirs des jours passés
Que sans doute le temps n'aura point effacés.
Hélas! de nos guerriers déplorable manie!
      Devant la hache du génie,
      Trop souvent tombe tôt ou tard
   Tout ce qui n'est que pure œuvre de l'art,
Tout ce qui ne saurait, par un mince avantage,
Du bivac ou du camp devenir le partage.

Eh! qu'importent pour nous aujourd'hui ces murs nus;
Ces cintres, par le marbre autrefois soutenus,
Dépouillés maintenant, et qui n'ont pour nous plaire
Que leur courbe élégante et le ciel qui l'éclaire ;
Ces salons transformés en nocturnes dortoirs ;
Ces boudoirs où Bacchus a dressé ses comptoirs ;
Cette antique mosquée où notre artillerie
Suspend sa veste bleue et sa buffleterie ;
Ces kiosques d'amour, aux solides barreaux,

Par nos profanes mains travestis en bureaux ;
Ce tumulte bruyant et ces cris de taverne,
Etourdissant concert d'une vaste caserne ?

Et pourtant ce séjour, bien que défiguré,
Ne fut pas à tel point flétri, dénaturé,
Qu'on ne puisse y glaner parmi tout ce bruit d'armes,
Plus d'un fleuron encor plein de grâce et de charmes.
Ainsi j'y noterai : les mauresques lambris ;
Les somptueux plafonds au brillant coloris ;
Les balcons découpés où le soleil se joue ;
L'ogive d'Orient et maint autre détail ;
Le pavillon d'Hussein où le coup d'éventail
Du consul indigné stigmatisa la joue ;
Ce qui fut le harem, ce palais précieux
Pour la première fois violé par nos yeux ;
Puis, au sein d'une cour, sous le dôme d'un arbre,
  Une fontaine, un bijou ravissant
   Où l'eau scintille jaillissant
   Des angles aigus d'un croissant
Et baigne les contours d'une vasque de marbre ;
   La terrasse et ses vieux canons
Conquis sur Charles-Quint dans sa double défaite :
Hussein en répétait les historiques noms,

Montrant aux visiteurs amenés sur ce faîte,
Ce glorieux butin des enfants du Prophète.

Sortis de la Kasbah, respirons un moment
Sous les ombrages frais de ce café charmant,
Corps-de-garde autrefois, où, perfide émissaire;
Veillait *contre* son chef le hardi janissaire :
Et, guidés par Rohault, nous franchirons le seuil
D'un commandant ami. Son obligeant accueil
Va livrer à nos yeux une maison mauresque,
   Plus que bien d'autres pittoresque;
Une maison, jadis le séjour fortuné
Qu'à son plus cher ministre Hussein avait donné.
Là, nous admirerons, et c'est une merveille
Dans notre souvenir encore sans pareille,
Des murs où le crayon d'un peintre algérien
Esquissa le croquis bizarre, aérien,
De la Mecque, d'Alger, de Médine la sainte,
Et du noble Stamboul à la riante enceinte.
Même nous gravirons, par notre hôte invités,
Sur sa haute terrasse, et là que de beautés
Nous offre l'horizon qui, demi-circulaire,
S'illumine pour nous d'un jour caniculaire !
Parvenus au sommet du plan triangulaire

Que représente Alger, nous voyons tout entiers
La ville amphithéâtre et ses nombreux quartiers ;
Nous voyons jusqu'au port où les vaisseaux balancent
La cime de leurs mâts qui vers les cieux s'élancent.
A droite, illustre objet d'historique terreur,
Le *sultan Calassy* [17], le fort de l'Empereur
Dresse non loin de nous, déjà cicatrisées,
Ces murailles qu'on vit tout à coup embrasées,
Au bruit de mille feux, vomir de toutes parts,
Dans un noir tourbillon, leurs créneaux, leurs remparts,
Comme pour saluer par ce tonnerre immense
Le grand avènement du règne qui commence.
Au-dessous, Mustapha, ses coteaux, ses vergers ;
Bab-Azoun, ses chemins sous des toits ombragés ;
  Au dernier plan, ces sommets étagés
Qui semblent s'échapper de retraites profondes
Pour venir à l'envi se mirer dans les ondes ;
A notre gauche, au pied du haut Boudjaréah,
Ce faubourg qui souvent aussi nous récréa,
Ce gai Bab-El-Oued et sa bruyante foule,
Et non loin du rivage où vient mourir la houle
Son hôpital *du Dey*, ses fleurs, ses citronniers,
Et par de là les murs ses larges bananiers.

Ce qui surtout fait à la vue
Une féerie étonnante imprévue,
Ce sont ces rangs pressés de murs étincelants,
De terrasses, de toits et de minarets blancs;
Et nos yeux fascinés ne peuvent sans fatigue
S'acclimater aux feux que leur éclat prodigue.
Cependant nous plongeons dans ces cours, ces jardins,
Sous ces toits que la ville échelonne en gradins,
Et c'est un vrai plaisir de voir chaque retraite
Nous dévoiler ainsi confiante, indiscrète,
Ces trésors du foyer, mystères gracieux,
Qu'un musulman jaloux ne révèle qu'aux cieux.
Les Mauresques, beautés pudibondes, craintives,
Découvertes par nous d'abord à leur insu,
A notre aspect soudain se cachent fugitives;
Mais bientôt les voilà, d'un pas inaperçu,
Qui nous cherchent, qui vont même avec plus d'aisance
Affronter nos regards, braver notre présence,
Répondre à notre appel du rire ou de la main,
Et nous prouver, par leur minauderie,
Qu'elles savent, malgré leur servage inhumain,
Tous les enchantements de la coquetterie.

Près de la Kasbah, nous verrons :

Ici la Porte *neuve*, étroite et sombre entrée,
Redoutable jadis, aujourd'hui délabrée;
C'est par elle qu'au son de ses joyeux clairons,
Bourmont fit pénétrer ses nombreux escadrons;
Là, ces longs bâtiments d'imposante stature,
Asile du malheur, hôpital *Tagarrin;*
Les soins intellignts de notre architecture
Achèvent d'y river et le fer et l'airain;
    Ce peuple actif qui creuse ou qui nivèle,
Ce monde d'ouvriers, soldats, galériens,
Qui, déjà reculant les murs algériens,
Dessinent pour la ville une enceinte nouvelle.
Cette enceinte enveloppe, en son cercle agrandi,
D'un côté cette roche au contour arrondi,
Du vieux Bab-el-Oued forteresse imprenable,
Et de l'autre le fort non moins inexpugnable
Qui défend Bab-Azoun et baigne dans les eaux
Ses murs armés de bronze aux menaçants créneaux.

Traversons maintenant cette tourbe native
Qui peuple dans Alger la ville primitive;
Allons nous égarer avec ravissement
Dans ce dédale obscur, dans ce réseau charmant
D'indicibles tunnels, d'indescriptibles rues,

Par des Maures pur sang en tout sens parcourues.
Nous y retrouverons, de près, les noirs dehors,
Les murs imperforés, les tortueux abords,
La porte, en général, timide, surbaissée,
Des maisons que d'en haut leur cour à ciel ouvert
Nous laissa librement scruter à découvert,
Et, sous les corridors de leur rez-de-chaussée,
La servante, négresse aux trop flasques appas,
Pétrissant le *kouscous*, habituel repas;
Ou bien, sans les compter laissant couler les heures,
Nous y contemplerons ces étranges demeures
    Où l'indigène Figaro,
Bien loin, comme chez nous, de voiler son carreau,
    Livre à nos regards ses pénates :
Nous verrons ses clients étendus sur des nattes,
Chez qui l'acier tranchant court de la nuque au front;
Fidèles à leur loi, tous ne conserveront
    Que cette touffe précieuse
Par laquelle, dit-on, la main officieuse
Du père des Croyants, les saisissant un jour,
Portera ses élus à l'éternel séjour.
Ailleurs, pour aspirer une liqueur aimée,
Nous allons nous asseoir sous la voûte enfumée
Où bientôt un Zoppi que chacun remarqua

Nous verse les parfums d'un odorant moka.
Plus loin nous admirons, ermite solitaire,
Cet artiste à l'air calme, à la figure austère ;
Voyez-le, dans un moule avec art disposé
Façonnant le foyer au contour évasé
Où brûle du fumeur l'encens aromatique.
Cet autre, de son pied qu'exerça la pratique
Maniant l'appareil au tourneur familier,
Fait jaillir de la corne une bague, un collier.

Et que d'autres aussi, perdus pour ma mémoire !
    Mais, c'est assez étendre ce grimoire.
Signalons, en sortant de ce quartier mouvant,
    L'hôtel Bacry ; ce nom a bien souvent
Retenti parmi nous : Bacry ! son exigence
Attira sur Hussein notre juste vengeance,
Et, comme dénouement d'un indigne procès,
Du sol algérien il fit un sol français.
De cet hôtel le luxe aujourd'hui se marie
Aux besoins d'un palais public, utilisé ;
    Par le vainqueur décomposé,
Le voilà devenu.... Quoi donc?.. Une Mairie.
Passons outre : à quoi bon analyser encor
Le coquet vestibule aux colonnes tordues,

Les dentelles de marbre, inutile décor,
Les merveilles de goût sous des cartons perdues?
Passons ; si quelquefois nos plaintes entendues
Faisaient de ce séjour frissonner les vitraux,
Elles y troubleraient les études ardues
  Et le silence des bureaux.....

NEUVIÈME JOURNÉE.

Un Bain maure. — Un Harem.

Puisque dans ce récit ma plume remémore
Tout ce qui dans Alger absorba nos instants,
Puisque ici je détaille avec soin tout mon temps,
Je vais vous emmener, lecteur, dans un bain maure.
Et d'abord, hâtons-nous : dès que sonne midi,
Au sexe masculin ce bain ferme sa porte,
  Jusques au soir il nous reste interdit,
  Et l'autre sexe en foule s'y transporte.

J'entre : un jeune biskri guide aussitôt mes pas,
Et me conduit au fond d'une salle qu'éclaire

Le jour que lui tamise un dôme circulaire.

    Dès que j'ai mis, comme on dit, habits bas,
L'enfant au gré duquel ici je m'aventure
Fixe autour de mes reins une épaisse ceinture;
    Puis, pour me frayer le chemin,
Il me précède, et moi, le tenant par la main,
Je franchis avec lui, disciple un peu timide,
Le seuil d'une autre salle, où la chaleur humide
Qui perle sur la voûte et ruisselle aux parois,
Ramollit promptement tout mon corps à la fois.
Après ce court prélude, éloignant mes sandales,
    Il me fait coucher sur des dalles
Qui revêtent sans doute un brasier dévorant;
Car à peine me suis-je, ainsi que saint Laurent,
Étendu sur ce gril, sans scrupule et sans morgue,
Me comparant encore aux héros de la Morgue,
Je sens qu'un feu secret, de mes fibres vainqueur,
Me pénètre partout, vient convulser mon cœur,
Mes vaisseaux absorbants ont perdu leur empire,
Un torrent de sueur de tout mon corps transpire.

Mon baigneur cependant revient de temps en temps
Explorer sous ses doigts mes membres palpitants,
Et lorsque apparemment sa science exercée

                       11.

Trouve la coction dignement avancée,
  Me retirant de mon haut piédestal,
Il va me déposer toujours horizontal,
A terre, dans un coin de cette chambre ardente,
Sous le jet dégourdi d'une onde intermittente.
Là, d'un second joûteur il s'adjoint le renfort,
Et voilà qu'ils me font, combinant leur effort,
Avec un zèle égal, risquer l'apprentissage
Des merveilleux bienfaits que donne le massage.
L'un contre mon thorax par ses genoux pressé
Pèse de tout son poids, cauchemar insensé ;
L'autre pétrit mes chairs, ou tord chaque jointure,
Et d'affreux craquements m'inflige la torture ;
Et pendant ce travail j'entends entre leurs dents
Bourdonner je ne sais quels accents discordants.

Quand tous deux ont ainsi, de leurs mains vigoureuses,
Tiraillé, malaxé mes fibres chaleureuses,
Ils s'arment, pour combler la somme de mes maux,
  D'un gant fait en poils de chameaux,
Et me versant à flots une onde parfumée,
Avec un dévoùment qui dépasse mes vœux,
Me brossent tout entier des pieds jusqu'aux cheveux,
Et m'inondent le corps d'une mousse embaumée.

Le grand œuvre du moins est enfin accompli.
Alors, enveloppant mon cadavre assoupli
De deux ou trois burnous, parure colossale,
On me rend mon gradin de la première salle;
Et, sur de chauds tapis que double un matelas,
L'esprit dorénavant libre de toute alarme,
De mon bonheur passé, ravi mais un peu las,
Je savoure à longs traits le poétique charme.
Bientôt un narghilé, philtre réparateur,
Apporte à mon cerveau plus d'un rêve enchanteur,
Je m'endors, en songeant à ma ville natale,
Et j'y vois, de la Seine antique favori,
Notre Vigier superbe, et nu comme un biskri,
Promenant sur mon dos l'étrille orientale.

Ce bain, où notre sang puise un nouvel essor,
Des rouages humains remonte le ressort;
Il rajeunit nos sens; il ranime la flamme
    Qui, par instants, sommeille dans notre âme,
Et fait que nos esprits retrempés s'ouvrent mieux
Au langage éloquent des choses ou des lieux.
Voyons donc aujourd'hui de vivantes merveilles,
      Doux objet de culte et de veilles;
Notre cœur, si le beau par nous est mieux compris,

Sentira dignement leur valeur et leur prix.
La porte d'un harem, et ce rare avantage
    Ne doit m'échoir qu'une fois en partage,
Va dévoiler pour moi ces trésors qu'un époux
    Dérobe à tous, comme un gardien jaloux ;
Faveur qui ne saurait effrayer la morale,
    Et que me vaut ma toge doctorale.

D'un boudoir que décore un luxe gracieux,
Nous venons de franchir le seuil mystérieux.
Là, deux jeunes beautés s'offrent à notre vue :
L'une, apparition passagère, imprévue,
Est Oréda ; sans doute auprès d'elle, d'abord,
On reste fasciné de son charmant abord ;
Isolée, Oréda paraît fraîche et jolie,
On aime ses yeux noirs, la blancheur de son sein,
Ses pieds si gentiment croisés sur un coussin ;
Mais, quand on voit Fathma, comme vite on l'oublie !
Qu'elle est pâle à côté de cet ange d'amour,
De cet être idéal aussi pur que le jour !

Fathma, sur un divan mollement accroupie,
Relève à notre aspect sa paupière assoupie :
Comme elle est belle ainsi ! d'une main soutenu,

Se cambre avec langueur son corps à demi nu :
Autour de l'*asisbah* ¹⁸, sa coiffure de fête,
Mariant leurs festons de feuilles et de fleurs,
Le jasmin, la cassie aux suaves couleurs,
Serpentent en spirale et parfument sa tête ;
Un tissu transparent, broché de soie et d'or,
Dessine et voile à peine, et mes rimes décentes
  Respecteront ce précoce trésor,
D'un buste adolescent les richesses naissantes ;
Ses jambes qu'elle croise ont pour tout vêtement,
D'un double bracelet le coquet ornement,
Et sur leur frêle appui, mobile dans sa pose,
Sa taille de Péri s'affaisse et se repose ;
Ses hanches dont un peintre envierait les contours,
Gonflent les plis soyeux, voluptueux atours,
Qu'un ample pantalon autour d'elles rassemble ;
De ses attraits enfin les détails et l'ensemble
Sont tels, qu'en l'observant, l'esprit cherche indécis
A quel type connu tant de beauté ressemble,
  Plus qu'à Vénus de Médicis.

Comme elle, elle est si jeune encore ! c'est à peine
Si des feux du désir ses regards éclatants
Ont vu mourir les fleurs de quatorze printemps ;

Plus qu'elle, ses sourcils, à la couleur d'ébène,
Empruntent du henné l'étrange coloris,
Et sa bouche qu'entr'ouvre un séduisant souris,
Complète de ses traits la grâce harmonieuse.
C'est une folle enfant et mutine et rieuse,
Chez qui l'âge, ou de longs ennuis, n'ont pas éteint
Ce besoin pour l'enfant d'un bonheur enfantin.
Aussi, quel incarnat satine encor sa joue !
Aussi, capricieuse elle chante, elle joue,
Elle compte avec nous son or, ses diamants,
Ses bijoux qu'elle veut qu'on admire et qu'on loue.
Elle aime, et de l'amour ignore les tourments.
Sous le bizarre accent de la langue sabire,
Tantôt elle nous offre, et comme nous aspire,
   Sans scrupule et sans peur,
D'un cigare enivrant l'odorante vapeur ;
Tantôt, pour qu'à nos yeux son talent se déploie,
Fixant entre les doigts d'un de ses pieds mignons
L'écharpe dont Tunis a coloré la soie,
D'une main exercée elle y brode ces noms,
Ces dessins élégants, dont les femmes d'Asie
Nuancent avec art la riche fantaisie.

DIXIÈME JOURNÉE.

Le buste du maréchal Bugeaud. — Voyage à Blidah. — Les environs d'Alger. — Dély-Ibrahim. — Douéra. — La Mitidja. — Bouflarick. — Les Blockaus. — Le sergent Blandin. — Béni-Méred. — Blidah. — Les Spahis et les *Turcos*. — Les souvenirs de Blidah. — La ville actuelle et ses environs. — Le muletier Abd-el-Kader.

———◦◦———

Confident du bonheur que nous prodigue Alger,
Hôte du même toit, Dantan n'est étranger
A nul des incidents qui charment notre vie.
Il ne peut cependant, au gré de notre envie,
S'adjoindre à nos loisirs et tous les partager.
  Un autre soin l'absorbe et l'accapare,
Et de nous chaque jour l'éloigne ou le sépare ;
Il faut que son ciseau, plus d'une fois cité
Pour sa verve féconde et sa véracité,

Reproduise l'image honorable et chérie
  Du gouverneur de l'Algérie.
  Déjà, voisin de son début,
 Notre sculpteur a presque atteint le but.
Nous avons admiré son facile génie,
 De son travail la savante harmonie ;
Cet art avec lequel sous ses doigts, trait pour trait,
L'argile se transforme en un vivant portrait ;
Déjà même, pour nous, cette œuvre est achevée ;
  Et, bien que son habile auteur,
  L'appréciant de sa hauteur,
N'y trouve point encor l'œuvre qu'il a rêvée,
  Il va délaisser un moment
  Ce sérieux enfantement,
 Pour accomplir certain pèlerinage
Qu'ici du voyageur commande l'agenda,
Et cueillir avec nous les fleurs qu'il nous ménage :
  Nous allons visiter Blidah ;
Puis, à moins que le sort, à nos desseins contraire,
Du plan qu'on nous traça ne vienne à nous distraire,
Traversant plus d'un lieu rougi du sang français,
Du lointain Médéah nous tenterons l'accès.

Six fois a retenti l'officielle horloge.

Exact au rendez-vous, chacun de nous se loge
Dans un char, aux coussins mollement suspendus,
Traîné par deux coursiers ni jeunes, ni dodus,
Et qui n'en vont pas moins, dignes de notre éloge,
Gravir au grand galop les monts les plus ardus.

    Et d'abord le char intrépide
Suit les nombreux contours de ce chemin rapide
Qui, dominant la mer et sa sublime horreur,
Après Bab-el-Oued, grimpe au fort l'Empereur.
    Alors se montre la nature
Telle qu'entre nos mains l'habille la culture;
Et, n'étaient ces cactus déjà plus espacés,
Ou ces buissons touffus qui colorent la scène,
Ou ces terrains ardents largement crevassés,
Vous vous croiriez aux bords du Rhône ou de la Seine.
    Voici des champs où naguère accroupis,
Les faucheurs ont rasé les mobiles épis;
    Voici, comme autant de vestiges,
Le sillon hérissé des tronçons de leurs tiges;
    Près de nous de bons paysans
Marchent avec la blouse et les sabots pesants;
Voici, Dieu me pardonne, échappés de leur niche,
Le chien de nos bergers, ou l'honnête caniche,

Indigènes gardiens dans ces lieux importés,
Si différents de ceux au Bédouin empruntés ;
Chez ceux-ci, tout encor : le poil roux, l'œil sauvage,
Trahit l'hôte grossier d'un inculte rivage ;
    Voici de ces lourds cavaliers,
De ces fermiers du Perche, à la sacoche pleine ;
Ou, le fouet à la main, de robustes rouliers,
Dont les longs chariots serpentent dans la plaine.

    Où sommes-nous ? Quel est ce bourg,
Où vint apparemment se déverser Strasbourg ?
J'y vois chaque maison, en style laconique,
Porter un spécimen de patois germanique ;
    Et, fasciné par ce charme puissant,
Notre cocher s'arrête à la porte tudesque
D'un établissement qui n'a rien de mauresque,
Dont l'hôte, Alsacien au guttural accent,
Nous verse je ne sais quel grog rafraîchissant.
Ce bourg qui, près d'Alger, nous rend la Germanie,
Est *Dély-Ibrahim*, récente colonie :
Comme dans tous les bourgs que nous traverserons,
Un rempart crénelé défend ses environs.

Bientôt, nous octroyant une nouvelle pause,

Que nous utilisons par un joyeux repas,
Au sein de *Douéra* notre char se repose :
Douéra, beau village où, promenant nos pas,
D'un temple bien placé nous visitons l'enceinte,
Contemplant, du portail de cette maison sainte,
Point central qu'environne un stérile horizon,
Les maisons devant nous avec ordre alignées,
Aux colons à venir les places désignées,
Et les toits sous lesquels veille la garnison.

    Poursuivons; un digne spectacle
Va récréer nos yeux, qui même, sans l'obstacle
D'un terrain inégal, l'eussent saisi déjà ;
    C'est l'admirable *Mitidja*.

    La *Mitidja*, la plaine immense
    Nous apparaît, elle commence,
    A quelques pas de *Douéra*,
    Comme un décor de l'Opéra,
    A se dérouler sous la vue,
    Et nous cause par sa beauté,
    Sa richesse et sa majesté,
    Une émotion imprévue.
La *Mitidja*, qui tant de fois

Muet témoin de nos exploits,
A vu fondre comme un orage,
Du fond des bois et des vallons,
Sur nos soldats, sur nos colons,
Le Berbère au brutal courage.
La *Mitidja* dont l'avenir
Étonne l'esprit qui l'embrasse,
Et qui nous montre encor la trace
De plus d'un noble souvenir :
Ici, sur le bord de la route,
Après une triste déroute
Que l'on sut venger dignement,
On éleva ce monument,
Consacré comme adieu suprême
Aux guerriers morts en ce lieu même.
Près de là se présente à nous,
Insoucieux de sa détresse,
Un Arabe au sale burnous ;
Son aiguille entremêle et tresse
Des joncs croisés sur ses genoux ;
Pauvre artisan, assis dans l'ombre,
Le visage farouche et sombre,
Peut-être son bras immola
L'un des héros qui dorment là.

Sur ce mamelon isolée,
C'est une maison crénelée ;
Un étroit fossé la défend ;
Eh bien ! pourrait-on le comprendre ?
Elle a soutenu, sans se rendre,
L'effort jusque-là triomphant
D'agresseurs nombreux et sauvages :
Tout fiers de quelques vains succès,
Ils virent contre un mur français
Mourir leurs impuissants ravages.
A droite, et dans le fond lointain
Du tableau qu'alors illumine
Le splendide éclat du matin,
Le panorama se termine
Par ce bord dit : *Torre Chica,*
Où notre étendard débarqua ;
Et sa tour, quand le ciel l'éclaire,
Se dresse blanche et circulaire.
Plus bas, de ce même côté,
Coléah, la sainte cité,
Comme un nid d'argent étincelle.
A sa gauche, nous voyons celle
Vers laquelle aspirent nos pas,
Blidah, la ville aux gais ébats,

La *Sybaris* de l'Algérie.
En deçà, c'est une prairie,
Ce sont des buissons, des marais,
Des champs cultivés, des forêts;
Détails nombreux, leur vaste ensemble,
Sans se confondre, se rassemble
Devant nos regards étonnés;
Ce sont des bourgs disséminés,
Les sinueux détours des routes;
Puis quelques toits moins fortunés,
Ces *gourbys* [19] dont les noires voûtes
Abritent des hordes dissoutes,
Des pâtres par nous ruinés.
Sous le haillon qui les décore,
Leur orgueil se drapant encore,
Semble pourtant narguer les maux,
Chez ces vaincus, riches naguères,
Fruit de la discorde et des guerres :
Plus loin, des files de chameaux
Viennent s'aventurer par groupes
Auprès des bœufs de nos fermiers,
Ou cheminent en longues troupes,
Dépassant du front les palmiers;
Enfin, et tel est l'entourage

De ce tableau délicieux,
Des monts dont la cime est aux cieux,
A leur base, heureux pâturage,
Par mille fleurs charment nos yeux.

Cependant, emportés par nos coursiers étiques,
De *Bouffarick* naissant, à chaque pas surpris,
Nous venons de franchir les abords aquatiques.
Comme aux alentours de Paris,
Nous y trouvons la ferme aux bruyants volatiles,
L'auberge et l'hôtel même aux touristes utiles,
L'estaminet où fume un odorant brouillard,
Et la bière de mars et le *noble* billard.

Sur les bords curieux de cette route hybride,
Par un frappant contraste, ici d'un sol aride,
Tristes, nous contemplons l'austère nudité ;
Ailleurs un mur qui croule, asile inhabité,
Ou bien un toit noirci, de façon trop notoire
Nous redit la récente histoire
Des malheurs qui l'ont dévasté.
C'est un *blockaus*, mobile citadelle,
Où souvent la valeur vint, en s'y blottissant,
Défier les efforts et le nombre incessant

D'assaillants furieux ameutés autour d'elle.
Au sein de ces halliers épais,
Où règnent aujourd'hui le silence et la paix,
Quelles scènes de mort sur les lieux retracées,
Viennent d'un deuil rêveur assombrir nos pensées !
Là, sous les feux croisés d'un ennemi soudain,
Vingt-trois braves, guidés par le sergent Blandin,
Rome pour cet exploit peut leur porter envie,
Vendirent chèrement leur dépouille et leur vie.
Contre deux cents Bédouins sur leur proie acharnés,
Cinq respirant encor, martyrs déterminés,
Soutenaient sans espoir ces luttes inégales,
Quand, au bruit de la poudre, au sifflement des balles,
Un fraternel renfort accourut à grands pas
Et sauva ces héros d'un glorieux trépas.
Le croirions-nous? et de cette journée
A peine nous sépare une seconde année.

Un village nouveau surgit près de ces lieux :
Béni-Méred, village gracieux,
Proche voisin de *Blidah* qui, lui-même,
Va se montrer à nous sous des dehors qu'on aime,
Avec ses orangers, bois nombreux et touffus,
Ses jardins embaumés, mélange un peu confus

De fleurs, de fruits divers qu'ici pour la clinique,
D'une savante main, cueille la botanique,
Ces coteaux verdoyants dont les hauts mamelons
Étagent en gradins leurs riants échelons,
Et cette plate-forme, étonnante corniche,
Où, gardien avancé, veille le fort *Mimiche*.

   Quels sont ces étranges guerriers,
   Par leurs armes, leurs étriers,
   Par leur costume pittoresque,
   Leurs traits bronzés, leur air mauresque,
   Si bizarres, si différents
   Des combattants que notre armée
   Jusqu'ici s'est accoutumée
   A voir figurer dans ses rangs?
   Ce sont nos troupes indigènes :
   Le spahis aux brillantes rênes,
   Au burnous largement drapé,
   Au cheval fringant, équipé
   De la haute et profonde selle
   Aux arçons où l'or étincelle ;
   C'est le Turc, piéton recrépi [20],
   Qui va, plus fier qu'un matamore,
   Portant avec la veste maure

Le turban au lieu du képy ;
Et depuis qu'on le civilise,
Sous le vainqueur qui l'utilise
Oubliant ses maîtres passés,
Pour manœuvrer dans la carrière,
Sur notre musique guerrière
Règle ses pas mieux cadencés.

Blidah, ville autrefois de plaisir et de fête,
A bien perdu de sa splendeur.
La flamme, les combats l'ont fait tomber du faîte
De son orgueilleuse grandeur.
Des amours riante patrie,
Elle a vu, comme une féerie,
S'évanouir ses anciens jours,
Ainsi que ces tristes séjours
Où l'on aime avec rêverie
Des ans à remonter le cours :
C'est presque le *Pœstum* de l'antique Algérie.

Promenons donc nos pas errants
Dans ses carrefours solitaires ;
Contemplons ces toits sans mystères,
Ces murs que les feux dévorants

Ont laissés debout dans l'espace.
Les voilà noircis, entamés,
Livrant au voyageur qui passe
Ces abris jadis renommés
Pour l'éclat de leur folle joie;
Sur la publique voie
S'étalent maintenant leurs lambris enfumés,
Et du destin gisante proie,
Leurs beaux plafonds à demi consumés.
Contemplons à leur tour, dans ces lieux peu prospères,
Ces boutiques, hideux repaires,
Où marchande la pauvreté;
Ce quartier aux juifs affecté,
Où, fidèle à la loi que le Talmud impose,
Sous un dais de feuillage avec art préparé,
Pour fêter le retour d'un souvenir sacré,
Chaque juif aujourd'hui s'enferme et se repose.
Voyons avec recueillement
Cette belle mosquée, édifice charmant,
Où du Dieu des chrétiens retentit la prière.
Nous y remarquerons gravés sur une pierre,
Humble et modeste monument,
Les noms du duc d'Harcourt, officier de zouaves,
Dans les champs de *Blidah*, mort de la mort des braves.

Enfin dans les frais environs,
Guidés par un ami, nous nous égarerons,
Soit sur ces bords fleuris qu'en sa course rapide,
Sous de riants berceaux, baigne un ruisseau limpide;
Soit au sein des bosquets où nous récolterons,
Près du myrte odorant, grenades et citrons.

Voici qu'un hôtel confortable
De mets réparateurs va charger notre table;
Avant ce gai repas, songeons au lendemain;
Et pour nous assurer d'avance le chemin,
Auprès d'*Abd-el-Kader*, Arabe qui pratique
En ce pays l'état de muletier,
Vêtu dans ce noble métier
D'une bizarre dalmatique,
Allons choisir, sous les yeux du patron,
De cinq de ses coursiers l'imposant escadron.

ONZIÈME JOURNÉE.

Départ pour Médéah. — La caravane. — L'Oued-el-Kébir. — La Chiffa. — Le Mouzaïa. — La coupure de la Chiffa. — L'orage. — Les chutes en montant le Nador. — Médéah. — Une confirmation à Médéah.

———o o———

Sitôt qu'a reparu la clarté matinale,
Des guides et mulets le groupe nous attend.
Mais sur les monts voisins une brume automnale
   Que chasse un pluvieux autan,
Se condense, s'abaisse, et des cimes voilées
Descend, comme un linceul, dans les sombres vallées.
Et nous, à cet aspect, craintifs, irrésolus,
Nous perdons tout une heure en regrets superflus.

Bref, longtemps ballottés par l'espoir et le doute,
 On se décide, on nargue fièrement
L'ennemi que tout bas chacun de nous redoute ;
  Nous partons... Que le firmament
  Nous soit en aide et nous protège !

  C'était, je le dis franchement,
  C'était un curieux cortège.
 On nous avait, non sans peine, hissés
Tous, quels que pussent être et la taille et les sexes,
  Sur des bâts bien ou mal fixés,
Trop larges la plupart et plus ou moins convexes,
D'où nos jambes, posture et détail singuliers,
Retombaient par-devant en étranges colliers.
Le premier, par ses chants animant la colonne
Qui, suivant le terrain, se groupe ou s'échelonne,
  Marche Rohault ; notre joyeux sculpteur ;
 Les deux époux ; et puis, à leur hauteur,
  Un sous-préfet ; heureuse conjoncture,
Nous l'avons retrouvé dans la ville d'Alger,
  Avec nous il va partager
De notre excursion l'émouvante aventure,
  Peut-être même le danger.
  Enfin, escorte assez profane,

Deux guides, du pays incultes habitants,
>   Suivent encor la caravane,
Et, pour rendre la force à leurs pas haletants,
Ils se partageront, faveur alternative,
D'un *maître aliboron* l'allure peu hâtive.

Nous avons cheminé d'abord jusques aux lieux
Où l'*Oued-el-Kébir*, torrent capricieux,
Tantôt se précipite et court à rives pleines
Et de ses flots fougueux submerge au loin les plaines,
Tantôt, comme aujourd'hui, permet au voyageur
De franchir à pied sec son aride largeur ;
Quelques pas au-delà, barrière plus constante,
La *Chiffa* s'offre à nous et son eau clapotante
>   Bat nos mulets jusqu'au poitrail :
>   Du moins, grâce à leur attirail
>   Propice à ce genre d'épreuve,
Sans en être effleurés nous traversons le fleuve.
Nous gravissons ensuite un chemin sinueux
>   Qui, parallèle à son cours tortueux,
Nous ouvre les abords pleins de fraîcheur et d'ombre
>   D'un défilé profond et sombre,
Passage que le sol, en s'entr'ouvrant, fraya
A la *Chiffa* qui roule au fond de ces abîmes

Entre deux murs à pic, entre deux hautes cimes,
L'une *Aïn-Télassi*, l'autre le *Mouzaïa*.

Le *Mouzaïa* fameux par plus d'un fait notoire,
Où, sur un col abrupt et justement cité,
Le prince, par la France à jamais regretté,
  Reçut des mains de la victoire
 L'un des fleurons, peut-être le plus beau,
  De la couronne que l'histoire
Devait si tôt, hélas! poser sur son tombeau.

Abordons, un tel site est bien digne d'étude,
  Ce défilé silencieux
  Dont la sévère solitude
N'accepte qu'à regret la lumière des cieux.
Là nous verrons bondir la cascade écumante;
  Déracinés par la tourmente,
  Nous verrons pendre les grands pins,
  Ou se dresser à notre approche,
  Tantôt une imposante roche,
Le front chauve, les flancs hérissés de sapins,
  Tantôt les masses atlantiques
Dont la mine a fouillé les couches granitiques.
  Nous verrons dans ces longs déserts

Le gypaète, roi des airs,
Planer au-dessus des orages ;
Ou gambader sous les ombrages
Le singe aux merveilleux ébats ;
Ou bien s'empresser sous nos pas
Le crâbe à la démarche oblique,
L'insecte au reflet métallique,
Qui se traîne dans les lieux bas.
Autour de nous, dans la vallée,
Sur la colline au doux versant,
Nous remarquerons en passant
Le caroubier d'Afrique à la cime étalée,
Le lentisque au suc résineux,
Le cactus aux fruits épineux,
L'azerolier, arbre timide,
Qui dédaigne un rivage humide,
Et tant d'autres qu'ici j'omets :
Plante qui s'incline ou serpente,
Fleur orgueilleuse, herbe grimpante,
Que, jusqu'à ce moment, jamais
Je n'avais encore observées
Dans nos climats, si loin des leurs,
Que tristes, pâles, sans couleurs,
Sous un soleil factice à grands frais conservées.

Et tous ces objets si divers,
Toutes ces merveilles sauvages,
Nous les voyons ravis, charmant de nos concerts
L'écho sonore des rivages.
Car les brouillards ont fui, car les cieux découverts
Semblent sourire à notre caravane,
Qui triomphante se pavane
De son audace du matin.

Hélas! le terme encor lointain
Avec bien des labeurs doit par nous être atteint.
Voilà, contre-temps déplorable,
Qu'un orage soudain, et surtout trop durable,
Un orage à troubler la plus froide raison,
Sous un voile imprévu nous cache l'horizon;
Bientôt même il éclate et du jet de son onde,
Privés de tout abri, nous fouette et nous inonde.
Rappelant tout d'abord notre antique vertu,
Nul devant ce malheur ne se montre abattu;
Mais enfin, contre nous éternisant sa rage,
La pluie a ramolli le plus ferme courage;
Nous marchons consternés, sans regards et sans voix,
Pareils à ces mornes convois
Que souvent après elle entraîne une déroute,

Élevant vers le ciel des soupirs désolés,
    Et de nul espoir consolés,
  Et maudissant l'interminable route.

Soudain, humble refuge ardemment souhaité,
    Une baraque à nos yeux s'est offerte,
Déjà même pour nous sa porte s'est ouverte.
Nous refusons pourtant cette hospitalité :
Le temps presse ; la pluie, ennemi redoutable,
En mouillant les terrains qu'il nous faut aborder,
Peut créer sous nos pieds un péril véritable :
    En avant donc ! marchons sans plus tarder.

Alors, et cependant trois heures d'agonie
    Devaient doubler cette peine infinie,
Affrontant de nouveau l'inclémence du sort,
Chacun frappe sa mule et reprend son essor.
Il faut escalader des terres nébuleuses,
Et franchir du *Nador* les pentes argileuses ;
Pour arriver au but qu'à nos vœux on promet,
Il faut que nos mulets, chancelante monture,
D'un pied mal assuré surmontent la nature,
Et d'un mont presque à pic atteignent le sommet.

Oh! ce fut là pour nous une lutte insensée
  Que jamais aucun souvenir
Ne saurait, quoi qu'il fasse, écarter ou bannir
  Du plus profond de ma pensée.
Et maintenant encor, en me le rappelant,
Je frémis quand je vois sur ce sol ruisselant
S'abattre tout à coup ma tremblante compagne,
Rohault un peu plus tard tombant, ainsi que moi,
Tandis que, vain secours, riant de notre émoi,
  Le guide qui nous accompagne,
Loin de voler à ceux dont le cri l'appelait,
De ses soins empressés entoure le mulet.

Terminons cependant cette tragique histoire.
Ce *Nador*, qui pour nous fut un vrai purgatoire,
Ce plateau contre qui si fort on maugréa,
Nous l'avons tous gravi ; car voici *Medéah*.
Voici son aqueduc aux antiques arcades,
Ces mamelons, jadis féconds en embuscades,
La lointaine mosquée au grêle minaret ;
Voici les murs blanchis, au grillage discret,
Des maisons en gradins les terrasses penchées,
Ces tombeaux où le deuil a gravé son regret,
Et, mieux que tout cela, sur nos têtes séchées

ALGER.

Un beau soleil qui reparaît.

Entrons donc ; la ville est en fête :
Un orchestre guerrier, comme un bruit de tempête,
De ses aigres clairons, de ses rauques tambours,
 Fait retentir la place et les faubourgs.
Tout brisés du chemin, gagnons la maison sainte :
L'évêque aujourd'hui même, avec pompe reçu,
Pour un pieux dessein par son zèle conçu,
 S'est dirigé vers cette enceinte.
Là, de rares enfants, près de lui réunis,
Il exhorte les cœurs de sa voix paternelle,
Et sur leurs chastes fronts que ses doigts ont bénis,
Il imprime du ciel l'onction solennelle.

Nous avons entendu la prière, les chants,
Et du prélat aimé les avis si touchants ;
Nous avons, au doux nom de la mère patrie,
Vu pleurer des colons l'assemblée attendrie.
Parcourons maintenant la ville, et puis, ce soir,
Au foyer d'un ami priés de nous asseoir,
Son obligeant accueil, délicieuse trêve,
Bercera nos pensers d'un agréable rêve,
Jusqu'à ce que l'orage, en grondant à l'entour,

Et d'une pluie à flots le cauchemar nocturne,
S'en viennent replonger notre esprit taciturne
Dans les amers soucis d'un périlleux retour.

DOUZIÈME ET TREIZIÈME JOURNÉES.

Retour à Blidah, puis à Alger.

Que le ciel soit béni ! dès la naissante aurore,
D'un éclat rassurant l'horizon se colore.
    Saluons donc d'un prompt adieu,
L'héritier d'Augustin, le saint prélat de Dieu ;
Le général Marey, gouverneur de ce lieu ;
Voire même, gardiens de ses nobles pénates,
  Libres de toute entrave, ou jouant sur des nattes,
Son beau lion *Sultan*, à l'instinct égrillard,

Son vautour africain et son lynx *Tortillard*.

Quant au retour, lecteur, te redirai-je,
Dans ce récit de nos impressions
Que je résume et que j'abrège,
Les pentes du *Nador* riches d'émotions,
Qui vont d'une nouvelle crainte
Graver dans nos esprits l'inévitable empreinte ;
De plusieurs d'entre nous les chutes, les faux pas ;
Des chemins défoncés les émouvantes crises ;
Les orages, à deux reprises,
Répétant contre nous leurs humides combats ?
A quoi bon ce détail ? Non : vois plutôt la plaine
Où galopent enfin nos mulets hors d'haleine ;
Entends par nos accords la belle *Mitidja*
Dire les chants d'amour dictés par *Radoudja* [21] ;
Vois-nous, un peu plus tard, d'une heureuse soirée,
A l'oubli de nos maux en commun consacrée,
Savourer les plaisirs si doux à partager ;
Pour couronner cette longue aventure,
Vois-nous le lendemain, au trot de la voiture,
Rentrer tous sains et saufs dans la ville d'Alger.

QUATORZIÈME JOURNÉE

ET JOURS SUIVANTS.

Le far-niente. — L'arsenal et la jetée. — La villa du maréchal. — El-Biar, Birkadem, etc. — Un bal chez le maréchal. — Départ du duc d'Aumale. — Le lieutenant général Bedeau. — La fin du Rhamadan.

———•◦———

Heureux qui, loin du toit dont l'abri l'a vu naître,
    Sous un ciel pur et fécond en loisirs,
Sage dispensateur du cours de ses plaisirs,
Sait régler avec art le besoin de connaître,
    Mettre à propos un frein à ses désirs,
Digérer son bonheur, éviter que l'étude

Fasse devant ses yeux germer la lassitude,
Goûter enfin un repos souhaité
Et le charme si vrai d'un doux *far-niente*.

Ce charme, dont chacun aime la rêverie,
Nous allons en jouir au sein de la cité
Souveraine de l'Algérie.
Là, depuis qu'un steamer, nous jetant sur ces bords,
D'un monde tout nouveau nous livra les abords
Et nous en dévoila les merveilles nombreuses,
Combien d'impressions diverses, chaleureuses,
Que de trésors s'offrant à nos regards surpris
Sont venus, coup sur coup, surcharger nos esprits
Coordonnons ces richesses pressées,
Sachons revoir plus froidement,
Je pourrais dire avec recueillement,
Tout ce qui dans Alger fut cher à nos pensées.
Dix jours consécutifs vont, s'écoulant ainsi,
Sans travail, sans fatigue, et libres de souci,
Mûrir nos souvenirs, nous rendre, après l'absence,
Des amis retrouvés la vive jouissance;
Et même ils prêteront de plus piquants appas
Aux lieux vingt fois déjà sillonnés par nos pas.

Et d'ailleurs, que d'objets d'une étude nouvelle,
Détails inattendus, la ville nous révèle!
Tantôt ce sont les mœurs du peuple réprouvé,
Souillé du sang divin par qui l'homme est sauvé,
Ce peuple qui, chassé du sol de sa patrie,
    Se répandit en Algérie,
Tel, maintenant encor, que le jour où Titus
Vint s'asseoir triomphant sur ses murs abattus [22];
Tantôt c'est l'arsenal et sa longue jetée,
Admirable œuvre d'art par Poirel inventée;
Ou bien ce sont d'Alger les riants alentours :
Le castel gracieux, aux mauresques atours,
Où notre maréchal vient, à sa fantaisie,
Oublier Excideuil devant ses fleurs d'Asie;
C'est l'ombreux *El-Biar*, aux sinueux contours;
Birkadem, Birmandrès, qu'amazone intrépide
Ma Sophie explora sur un coursier rapide;
Et toutes ces villas, harems mystérieux,
Qu'elle put pénétrer d'un regard curieux,
Tandis que sur le seuil, à l'ombre des agaves,
J'aspirais le moka versé par les esclaves.

Cependant pour Alger un jour de fête a lui :
Un prince que d'hymen rappelle un doux message,

D'Aumale est arrivé dans nos murs aujourd'hui,
Et, pour célébrer son passage,
Ce soir même le gouverneur
Donne dans son palais un bal en son honneur.

Ce fut une riche assemblée,
Toute brillante et constellée
De perles, diamants et costumes divers.
D'armes et d'étendards pompeusement couverts,
Les murs étincelaient de festons, de bougies ;
Les salles du palais, pour la foule élargies,
Offraient de toutes parts, tableau fascinateur,
De robes, de burnous, d'épaulettes dorées,
De Maures, de colons et de Juives parées
L'assemblage bizarre et vraiment enchanteur.
On eût dit qu'à la voix de généreuses fées
S'étaient dressés partout guirlandes et trophées ;
De nombreux pavillons par nos vaisseaux fournis,
Avec des nœuds de fleurs coquettement unis,
Ombrageaient les danseurs, groupés sous cette tente,
Dans la cour devenue une salle éclatante ;
Et, spectateur penché sur tout ce mouvement,
On pouvait voir d'en haut, comme un rêve charmant,
Aux sons harmonieux d'une molle cadence,

Tournoyer et bondir ou la valse ou la danse.

Le prince, impatient des lenteurs du chemin,
Pour regagner Toulon partit le lendemain.
Ce départ nous émut : escorte militaire,
Matelots suspendus sur les mâts pavoisés,
Des remparts et du port les feux entrecroisés
Saluant le steamer qui s'éloigne de terre,
Tout cela nous causa je ne sais quel souci,
Quel nostalgique ennui voisin de la souffrance ;
Et nous disions : Quand donc quitterons-nous aussi
Le rivage africain pour notre belle France ?
Et pourtant, un désir nous ronge encor le cœur,
Qui, malgré tout obstacle, à survivre s'obstine,
Et de tout autre soin doit demeurer vainqueur :
C'est le besoin de voir les murs de Constantine.
Mais comment accomplir ce séduisant projet ?
Comment, si nous suivons la voie accoutumée,
Quand de nos jours fixés la somme est consommée,
De vingt-cinq jours de plus grever notre budget ?

Dans ces mornes pensers, tristes, irrésolues,
Nos âmes exhalaient leurs peines superflues,
  Quand, sous les traits d'un puissant bienfaiteur,

De nos regrets le sort consolateur,
Vint aplanir pour nous une route incertaine,
Et nous ouvrir, grâce à Dantan,
L'accès inespéré de la rive lointaine
Où tant de plaisir nous attend.
Et voici qu'en effet, pour remplacer le prince
Qui commandait à la province,
A l'antique cité que réclament nos pas,
Bugeaud a désigné l'un de ces chefs illustres
Que les deux ou trois derniers lustres
Ont vu surgir dans les combats :
Bedeau, qui dans la noble et chanceuse carrière
Où brillèrent tant de héros,
A su, bien jeune encor, par sa valeur guerrière,
Égaler nos vieux généraux ;
Et, pour que nul retard ne le gêne ou l'arrête,
Un paquebot exprès, *le Cocyte*, s'apprête,
Où le bon maréchal, de qui nous l'apprenons,
Parmi les passagers fit inscrire nos noms.

Pour cette joyeuse tournée
Aux apprêts du départ consacrons la journée.
C'est un grand jour ; car il achève enfin
Chez les pieux croyants les rigueurs de la faim ;

Terme du rhamadan, sitôt qu'il vient d'éclore,
Vingt-un coups de canon l'annoncent à l'aurore;
  C'est un jour de fête et de vœux,
Où les jeunes enfants, parfumant leurs cheveux,
Arrosent les passants de liqueurs embaumées,
Où riait *Garagous*, où dansent les almées [25],
  Où nous voyons les tendres musulmans
Se prodiguer entre eux de doux embrassements,
Où les nègres surtout, étranges saturnales,
Promenant dans la ville et les bruyants faubourgs
  Leurs castagnettes, leurs tambours,
Prolongent jusqu'au soir leurs folles bacchanales.

TROISIÈME PARTIE

VOYAGE A CONSTANTINE

TROISIÈME PARTIE.

Voyage à Constantine.

I.

Le Cocyte. — Déjeuner à bord. — Départ. — Dellys. — Bougie. — Le gros temps et le mal de mer. — Jigelly. — Le golfe de Stora. — Stora et Philippeville vues de la mer. — Débarquement. — Philippeville. — L'hôtel de la Régence. — Les mulets messagers.

Il est donc vrai, le flot amer
Pour nous va se creuser encore :
Nous allons voir l'immense mer,
Que tant de majesté décore,
Venir se briser sur les flancs
Du paquebot qui se balance
Et frémit sous nos pas tremblants,
Tandis que vers les cieux s'élance,

Nuage mobile et trompeur,
Sa blanche haleine de vapeur.

Salut au rapide *Cocyte!*...
Qu'est-ce à dire? D'après les vers
Que notre mémoire nous cite,
Le *Cocyte* mène aux enfers.
Arrière aujourd'hui cette fable;
A l'aspect du nocher affable
Qui nous accueille, moi je dis:
Le *Cocyte* ne saurait être,
Sous la gouverne d'un tel maître,
Que le guide du paradis.
Guide pourtant qui ne rit guère;
Revêtu de sombres couleurs,
Tout chez lui respire la guerre,
Le deuil de la mort et les pleurs;
Toujours prêt à vomir la foudre,
Le voici même, en ce moment,
Avec nous, comme chargement,
Qui reçoit vingt barils de poudre.
Voyez encor, étendus là
Sur les affûts des batteries,
Ces soldats, troupes aguerries;

Dès le jour où les exila
Sur ces bords l'honneur de la France,
Par des prodiges surhumains
Ils ont, comblant son espérance,
Éclipsé le nom des Romains.
Voyez-les, scène curieuse,
Épars sur notre sol mouvant,
Qui, dans leur joie insoucieuse,
Riant, dansant, mangeant, buvant,
A leur accorte vivandière,
Pendant la traversée entière,
Prodigueront leurs soins touchants,
Ou bien, fraternelle famille,
Amuseront la jeune fille
De leurs récits et de leurs chants.

Silence ! une longue chaloupe
Vient d'aborder à notre poupe,
Et nos marins, à son aspect,
Du patron prévenant le signe,
Se sont rangés en double ligne,
Immobiles dans leur respect.
Alors a paru noble et digne,
Tel que sa gloire le promet,

Le général qui nous admet
A partager, honneur insigne
Que certes nous ne rêvions pas,
Ses entretiens et ses repas.

A table donc ! et quelle table !
Quel déjeuner digne des dieux !
Quel cercle animé, radieux,
Va d'un prestige délectable
Entourer nos bruyants adieux !
C'est d'abord, par sa gaîté vive
Notre chef gracieux convive,
Esprit orné, causeur piquant ;
Ce sont ses deux aides de camp,
Dont l'exquise galanterie
A la bravoure se marie ;
C'est notre hôte, notre patron,
Du *Cocyte* aimable *Caron;*
Près de lui tous trois, dans la joie
Que notre étoile nous envoie,
Oubliant certain souvenir,
Nous bravons les maux à venir
Qui vont sur notre humide voie
Peut-être avant peu nous punir.

Du festin nous touchons le terme :
Pour saluer la terre ferme,
Trinquons donc encore une fois.
Timonier ! prends ton porte-voix.
Au dernier verre de champagne,
Allons, matelots, en campagne !
Qu'on lève l'ancre de tribord !
Voyons, chauffeur ! sors-nous du port ;
Que Neptune nous accompagne !...

Les murs d'Alger ont fui : bientôt se montre à nous,
Promontoire avancé, la pointe Matifoux [24] ;
Un vent propice nous seconde ;
Et nous, au murmure de l'onde,
Nous voyons courir sous nos yeux
Les rives que blanchit le flot capricieux.
En même temps, conteur officieux,
Avec une clarté merveilleuse et féconde,
Avec des aperçus toujours ingénieux,
Le général détaille à nos esprits novices
Du sol algérien les trésors ou les vices ;
Il nous dit par quels soins le colonisateur
Redonnera la vie à ce vieux territoire,
L'un des plus riches dons, et peut-être en effet

Le plus profitable bienfait
Que nous ait légué la victoire.

Déjà les tableaux affaiblis
Du soir ont pris la teinte sombre,
Quand, à demi caché dans l'ombre,
Au pied d'un mont abrupt, nous découvrons Dellys [25].
Deux ou trois bâtiments d'origine moderne
Nous dessinant l'hôpital, la caserne ;
Des toits pressés et comme rabougris,
Confondus avec le fond gris
Dont les encadre un austère rivage,
Tel est Dellys, séjour d'aspect triste et sauvage.

Nous avons jeté l'ancre en face de son port ;
Et sillonnant l'humide espace,
Pour saluer le général qui passe,
Une foule d'esquifs nage vers notre bord.

Quand le chef, qu'à bon droit toute l'armée estime,
A reçu devant nous ce tribut légitime,
Notre patron, sans plus surseoir,
Nous convie au repas du soir ;
Il veut que notre table immobile et posée,

Ainsi que ce matin, élude la nausée.
Puis, mollement couchés sur un moelleux divan,
Sous la voûte d'un ciel tout scintillant d'étoiles,
Nous regagnons le large, et restons là rêvant,
Balancés par les flots, caressés par le vent,
Qui gonfle en se jouant la courbe de nos voiles,
 Jusqu'au moment où l'air frais qui nous suit
Nous force d'achever, navigateurs timides,
  Hors de ses atteintes humides,
Sur nos lits abrités, cette première nuit.

Des feux du jour la plage est à peine rougie,
 Quand nous voyons apparaître Bougie [26].
Nous contemplons ses murs autrefois crénelés,
Par la guerre ou les ans meurtris, démantelés ;
Cette porte béante ; inutile barrière,
Elle n'arrêta point notre audace guerrière ;
Ces toits qui d'un versant parsemé de jardins
Peuplent la rude pente, étagés en gradins ;
 Du *Gouraya* l'imposante ceinture
Semble les protéger de sa haute stature.
Là, dès que *le Cocyte* en rade est apparu,
Tout un monde guerrier sur la plage accouru
Attend le général, et lui-même s'empresse,

Pour répondre à leurs vœux, et pour combler l'ivresse
Des braves compagnons qui lui tendent les bras,
De voguer vers la terre où nous suivons ses pas.

Gravissant tous les flancs de la colline,
Nous arrivons sur un riant plateau ;
De là notre regard s'incline,
Et va se perdre au pied de ce coteau,
Jusques au sein d'une belle vallée
Que les eaux d'un torrent, limite reculée,
Partagent en deux camps : l'un, domaine français,
Défendu par des forts, et, pour brave avant-garde,
Par le blockhaus qui plus loin se hasarde ;
L'autre, encore aujourd'hui d'un périlleux accès,
Repaire d'ennemis redoutables, habiles,
Territoire insoumis des peuplades kabyles.
Nous visitons ensuite, et le sol africain
Est riche en ces débris des grandeurs de l'Espagne,
La Kasbah dont les murs couronnent la montagne
Élevés là par Charles-Quint.

Rentrés à bord, notre estomac valide
Y savoure à loisir un déjeuner splendide ;
Et fiers, au fond du cœur narguant le lendemain,

Nous reprenons notre onduleux chemin.
Fol orgueil, trompeuse assurance :
Le malheur est parfois si près de l'espérance !
A peine avons-nous fui le port,
Que l'aquilon retourne son effort,
La mer entr'ouvre ses abîmes,
Et des vagues les larges cimes,
Pour nous livrer de pénibles combats,
Redressent devant nous leur montueux obstacle ;
Tableau délicieux, magnifique spectacle,
Mais qu'alors, quels qu'en soient les sublimes appas,
Ingrats admirateurs, nous détestons tout bas.

En vain, loin de notre cabine,
A vaguer au dehors chacun de nous s'obstine ;
En vain, nous aspirons cet air pur, ce vent frais,
Contre un mal imminent remède plein d'attraits ;
En vain, pour nous soustraire à la torpeur fatale,
Ballottés par les flots de bien près entendus,
Sophie et moi gisons durement étendus
Sur un long canapé, couchette horizontale :
De ces moyens divers l'impuissant déploiement
Ne saurait prévenir le triste dénoûment ;
Et la vague bientôt, dont le choc nous assiége,

Secouant sans pitié notre mobile siége,
Sous peine de nous voir, par ses coups redoublés,
Projetés tôt ou tard la face contre terre,
Nous oblige de fuir pâles et désolés
    Dans notre réduit solitaire.

Là, souffrant, privé d'air, dans cet étroit séjour
Voyant avec douleur l'implacable nausée
Torturer sur son lit ma compagne brisée,
J'accuse mille fois l'éternité du jour,
Insensible aux beautés d'une mer en furie,
Sourd aux joyeux ébats, à la folle incurie
De nos pauvres soldats qui, parqués sur le pont,
Se courbent en riant sous les flots dont le bond,
Trop souvent, dessinant une écumeuse arcade,
Retombe sur leur dos en soudaine cascade.
Nous les voyons aussi, passagers complaisants,
S'atteler deux à deux à des cables pesants,
Et, marins impromptus, à l'aquilon hostile
Dérober en chantant une voile inutile,
Ou, pour tarir les eaux qu'en nos flancs nous portons,
Des pompes du vaisseau balancer les pistons.

    Voici le soir, et, pour troisième pause,

Au sein de Jigelly [27] notre steamer dépose
Le chef de bataillon qui gouverne ce port,
Misérable hameau d'un dangereux abord,
Où des rocs avancés la chaîne menaçante
Pourrait bien entamer notre nef bondissante,
Si nous ne nous hâtions, redoutant leur accueil,
Contre la haute mer d'échanger cet écueil.

La haute mer! hélas! que sa vague insensée
Réserve de labeurs à notre âme oppressée!
Déplorables jouets des flots et des autans,
Nous allons y subir, fatigués, haletants,
    Les maux cruels d'une amère insomnie,
Et, maudissant encor sa lenteur infinie,
Minute par minute, instants après instants,
Assister pas à pas à la marche du temps.
    La haute mer, où les vents et l'orage
De nos chefs à tel point lasseront le courage,
Qu'incertains du succès ils se demanderont,
Au lieu de dépenser une vaine énergie
Contre ces ennemis qui les heurtent de front,
S'il ne leur faudra pas redescendre à Bougie.
Prenons garde en effet que le flot inhumain,
Nous chassant malgré nous en dehors du chemin,

Ne vienne à nous jeter sur la rive prochaine :
Ses habitants qu'excite une farouche haine
De nous tous aussitôt, et leur loi le permet,
Offriraient l'holocauste au Dieu de Mahomet.

Rassurons-nous, la nuit va dissiper ses voiles ;
A la pâle clarté des mourantes étoiles
   Bientôt le jour succédera ;
Le vent tombe, la mer qui blanchit et moutonne
Ne nous imprime plus qu'un roulis monotone,
   Voici le golfe de Stora :
   Golfe imposant et solitaire,
   Aux bords largement échancrés,
   Nature belle, mais austère,
   Rivages par tous désirés,
   Et qui vont nous rendre la terre.

   Nous approchons, et des tableaux
   Qu'un soleil nébuleux éclaire,
   En zône demi-circulaire,
   Sortent pour nous du sein des flots.
   Déjà les vallons s'élargissent,
   Les monts échelonnés surgissent,
   Tout crépus d'incultes buissons ;

Déjà les plages se déploient,
Et leurs échos ne nous renvoient
Nulle part les plus légers sons.
Seuls témoins d'humaine existence
Qui puissent répondre à nos yeux,
Atténués par la distance,
Quelques blockhaus silencieux
Font, sentinelles avancées,
Du haut des cimes élancées
Flotter nos couleurs dans les cieux.

Enfin quelques rares chaumières,
Sur le versant des mamelons
Nous apparaissent les premières,
Et droit vers elles nous cinglons.
Ces chaumières, modeste gîte,
Nid de pêcheurs qu'un roc abrite,
Où notre course finira,
Voilà ce qu'on nomme Stora.
A sa gauche, notre œil découvre,
Dans un plus vague éloignement,
Une autre ville qui recouvre
Et la vie et le mouvement :
Colonie heureuse et civile,

C'est la jeune Philippeville,
Qui sur ses débris succéda
A l'antique *Rusicada* [20],
Et va, grâce à notre industrie,
Redevenir entre nos mains
Plus populeuse et plus fleurie
Qu'elle ne fut sous les Romains.
Voyez ce mur qui l'environne
De ses replis anfractueux;
Ces forts, imprenable couronne,
Qui la protègent de leurs feux;
Sur le sommet de la montagne,
Dominant au loin la campagne,
Son hôpital majestueux;
Autour de son débarcadère,
La foule qui nous considère
Et nous escorte de ses vœux.

En face de Stora, pauvre et chétif village,
Dès que nous avons sur la plage
Débarqué de nos officiers
Les ordonnances, les coursiers,
Pour nous-mêmes cherchant un plus prochain mouillage,
Notre steamer prolonge son sillage

Jusqu'à Philippeville ; il veut, mais sans succès,
De sa rive tenter le difficile accès :
Malgré tous les efforts d'une manœuvre habile,
  Vagues et vents, à nous nuire acharnés,
  Nous secouant sur la plaine mobile,
Nous rejettent aux lieux par nous abandonnés ;
Et de là, des pêcheurs à la mise étrangère
Nous conduisent enfin oscillants, suspendus
Sur la cime des flots, et tour à tour perdus
Sous les vagues, au gré d'une barque légère,
  Jusqu'à ces murs si longtemps attendus.

Philippeville enfant si nouvellement née,
Puisqu'elle compte à peine une cinquième année,
   Est déjà, pour les amateurs,
   Belle de monuments flatteurs.
  Vous débarquez sur une large place,
Qu'entourent des cafés où mainte et mainte glace
   Éblouissent vos yeux surpris ;
  Vous y voyez, à l'instar de Paris,
La rue en droite ligne, au trottoir de bitume ;
Le coquet parfumeur ; le friand pâtissier ;
Le coiffeur fashionable, et, suivant la coutume,
  A chaque pas le bavard épicier ;

De Maures presque aucun, au point que leur costume,
Si parfois vous le retrouvez,
Vous fait croire que vous rêvez;
Vous revoyez les Maltais, pauvre engeance;
Et puis de bons hôtels. Celui de la Régence
Est le premier, dit-on, et le plus merveilleux;
Mais on paie un peu cher ce renom glorieux,
Alors même que pour partage
On n'obtint, comme nous, à son suprême étage,
Qu'une chambre où le vent, par ses carreaux cassés,
Vient d'un parfum de mer rafraîchir vos pensers,
Une chambre où, malgré ses airs de solitude,
Certains hôtes blottis sous les murs crevassés
Ont de votre sommeil troublé la quiétude.

C'était pourtant, sur ce haut belvéder,
Un doux plaisir, au sein de nos tourbillons d'air,
De voir cet horizon que le regard embrasse,
Cette mer bondissant au pied de la terrasse,
Ce *Cocyte* surtout, ce navire lointain
Que le flot berce encor de sa rude caresse;
Et de redire alors ce passage latin,
Ces vers si bien sentis du poète Lucrèce :
Suave mari magno.... [29] vers que le souvenir

De chacun saura bien compléter et finir.

Parfois aussi, témoins des scènes de la rue,
Nous abaissons les yeux sur la foule accourue
      Pour entourer d'un juste honneur
    Le général, le nouveau gouverneur;
Ou bien nous contemplons, rangés devant la porte,
Ces mulets messagers, flanqués de leur escorte,
Qui, dès que les envois avec nous adressés
Sur leur dos par la poste auront été placés,
Animés d'une ardeur dont le feu les transporte,
Jusqu'au camp d'El-Arouch partiront au galop,
Sans que nul incident : ni torrent, ni complot,
Ni Bédouin embusqué pour couper leur passage,
Ne puissent ralentir ce rapide message.

II.

Départ de Philippeville. — Le convoi. — Le chemin d'El-Arouch. — La halte. — Maladie du général B. — L'arrivée au camp d'El-Arouch. — Le camp. — L'hôtel du Pauvre Diable. — Les *Zéphyrs*. — Une représentation théâtrale.

———•◦•———

Dès que l'aube a paru, le signal du départ
Nous appelle au dehors; déjà, de toute part,
 Philippeville a pris un air de fête;
 Pour le convoi tout se hâte et s'apprête;
Au devant de l'hôtel résonne le clairon,
D'indigènes spahis un brillant escadron
Se range, lieutenant et capitaine en tête.

 Voici partir le cortége imposant :

Quatre spahis, avant-garde guerrière,
Précèdent la colonne; assez loin en arrière,
Le général, monté sur un vif alezan,
S'avance environné de tous les dignitaires
Que renferme la ville : intendants militaires,
Officiers généraux, commandants, colonels,
Nombreux état-major, et leurs rangs solennels
Se pressent au hasard, confondus en un groupe;
Ils vont du chef aimé qu'ont grandi les combats
Bien au delà des murs accompagner les pas.

  Derrière eux, belliqueuse troupe,
Fière de ses chevaux sous le frein hennissant,
Fière de ses burnous à la couleur de sang,
La carabine au dos fixée en bandoulière,
Galope des spahis l'escorte régulière.
Dantan et moi suivons, grimpés sur des mulets,
  Derrière nous, muletiers et valets;
  Deux chariots qui traînent le bagage,
Et sur l'un d'eux, bravant son innocent tangage,
Et noblement assise à quinze pieds du sol,
Ma Sophie arborant son léger parasol.

Nous traversons ainsi, sous de riants ombrages,
Un vallon où cactus, oliviers, pâturages,

Où fermes, villas même aux abords gracieux,
Pendant la première heure émerveillent nos yeux.
Plus loin, soumise encore au pillage, à l'insulte
De l'Arabe caché sous les buissons touffus,
La campagne présente un aspect plus inculte,
De produits spontanés un luxe plus confus.
Mais partout notre route, œuvre laborieuse,
Que nos actifs soldats frayèrent de leurs mains,
Est d'un riant aspect, facile, curieuse
Par ces mille accidents des onduleux chemins :
Ici c'est un ruisseau qui la coupe et l'arrose,
Ou le ravin profond qu'aime le laurier-rose ;
Ailleurs elle serpente, en zigzags ménagés,
Sur la colline jaune, aux penchants étagés,
Puis elle redescend dans la plaine fleurie,
Et j'y note, à côté des fleurs de la patrie,
La scille officinale, à la tige de lis,
Et le palmier rampant, *chamœrops humilis*.

Cependant, pour peupler cette immense étendue,
Pour promener la vie au sein de ces déserts,
Nul ne se montre à nous, nulle voix entendue
Ne vient y faire trêve au silence des airs ;
Plus de ces points de mire où se pose la vue ;

Plus de champs cultivés, ni chaume, ni maison ;
Pas même, et cet appel eût flatté notre oreille,
Le sourd rugissement du lion qui s'éveille
Dans ces monts rapprochés qui ferment l'horizon.
Quelquefois seulement, dans cet étrange espace
Où tout porte à rêver le voyageur qui passe,
    Nous rencontrons, à l'ombre des palmiers,
Une pioche à la main, des soldats cantonniers ;
    Près de la route ils ont assis leur tente,
Et notre général, se détournant pour eux,
Du geste et de la voix, en père généreux,
Sait ranimer chez eux et l'espoir et l'attente.

    Mais halte-là notre escadron !
    La voix perçante du clairon
    A sonné l'ordre d'une pause ;
    Du midi les feux sont ardents,
    Tous nos coursiers sont haletants ;
    A pied ici, qu'on se repose !
    Quel paysage ravissant !
    Quel air pur et rafraîchissant !
    Comme cette eau nous désaltère !
    Comme ce ravin solitaire
    Offre un ombrage appétissant !

Voyez, couchés sur ces rivages,
Au pied de ces figuiers sauvages
Inclinés vers notre chemin,
Nos spahis, la bride à la main,
Qui, sans craindre un sinistre rêve,
Ont jeté là pour sommeiller
Leur burnous rouge sur la grève
Et pris un roc pour oreiller :
Tableau plein de vie et de charmes,
Mélange de chevaux et d'armes
Où notre regard se complaît,
Scène pour nous inattendue,
Et qui, pour être bien rendue,
Voudrait les pinceaux d'un Charlet.

Qu'ai-je vu? sous l'ombre d'un arbre,
A terre étendu tristement,
Le général, plus froid qu'un marbre,
Pâlit de moment en moment.
Lui qui joyeux, encor naguères,
De ses exploits et de nos guerres
Avec nous causait si gaîment,
D'une soudaine maladie,
Qui courbe sa tête alourdie,

Subit le sombre abattement ;
Le frisson a glacé ses veines ;
Des soupirs oppressent son cœur,
Et du soleil les ardeurs vaines
Ne font qu'aggraver sa langueur.
A ce prélude auquel j'assiste,
Bien vite, épouvanté, j'accours,
De mon art j'offre le secours,
Le docteur succède au touriste.
Du malade à mes pieds gisant
J'interroge le mal naissant,
Et, Dieu merci, sous les symptômes
Dont il est encore voilé,
Je n'entrevois que les prodrômes
D'une fièvre à type réglé.
Dès lors même, à la médecine
J'emprunte, antidote connu,
Sa pulvérulente quinine,
Et, de notre appui soutenu,
Sur les caissons d'une prolonge,
Pour cet usage utilisés,
Bientôt le général alonge
Ses membres souffrants et brisés,
Et, comme après une déroute,

Nous reprenons alors la route
Tristes et démoralisés.

Malgré cette mélancolie,
C'était de ces coups d'œil qu'avec peine on oublie,
Quand surtout, au détour d'un sentier montueux,
Nous présentant ses replis tortueux
Tout ce long convoi militaire
Déroulait à pas lents, et comme avec mystère,
De son mouvant tableau le profil sinueux.
Nous cheminions ainsi mornes au fond de l'âme,
Et, chacun aspirant au repos que réclame
Sa lassitude ou son tourment,
Nous cherchions du regard ce camp qui nous échappe,
Ce séjour d'El-Arouch, terme de notre étape,
Qui recule indéfiniment.

Soudain, pour signaler à nos vœux son approche,
Sillonnant au galop le rapide versant
D'une colline, abrupte roche,
Et sur d'ardents coursiers penchés et bondissant,
Les spahis d'El-Arouch, avec musique en tête,
Apparaissent, vêtus du costume de fête.
Nous leur ouvrons nos rangs : on voit auprès de nous

Flotter leurs étendards et leurs amples burnous;
Mais, silence aux clairons, aux fanfares stridentes;
Silence au camp lui-même où, la mèche à la main,
    L'artilleur doit attendre en vain
Le signal désiré des salves éclatantes,
Où les soldats muets, soins pieux et touchants,
Vont recevoir leur chef sans même battre aux champs.

Nous venons de franchir de l'enceinte guerrière
Le rempart crénelé, la modeste barrière;
Et qu'apercevons-nous, dans notre espoir déçus?
    Au lieu de ces abris en flexibles tissus,
    Asiles du soldat éphémères, mobiles,
Des bâtiments complets que leurs soins plus habiles
Ont dressés avec art, des maisons, en un mot
Un village naissant, ou du moins un hameau.
Et n'y trouvons-nous pas, rencontre peu croyable
Dans un pareil séjour, l'hôtel du Pauvre Diable?
Dont l'heureux possesseur, hôtellier florissant,
Restaure et parfois même exploite le passant.

Va donc pour cet hôtel, acceptons-le pour tente;
Et quand nous y verrons, au gré de mon attente,
Mon malade, éloigné du vif éclat des cieux,

Aux douceurs du sommeil abandonner ses yeux,
    Nous parcourrons, libres d'inquiétude,
D'un camp nouveau pour nous l'austère solitude.
Le commandant Peyssard, son digne gouverneur,
Nous servira de guide, il nous fera l'honneur
De nous en détailler les usages, les lois ;
Nous saurons de lui-même, et c'est tout une histoire,
Ce que sont ces *zéphyrs* si tremblants à sa voix,
Soldats que nous voyons pour la première fois
Et dont s'écoule ici la vie expiatoire.
Hélas ! tous autrefois sur leurs fronts insoumis
Ont vu s'appesantir les rigueurs de Thémis ;
D'un rude châtiment l'opprobre salutaire
Chez tous a suspendu le tribut militaire
Qu'ils payaient à la France, et son arriéré
Qui doit être par eux strictement réparé,
En fait un corps à part, un corps dont la patrie
Utilisa souvent la valeur aguerrie ;
Et ce corps, pour citer les services qu'il rend,
A fourni les héros sauveurs de Mazagran.

Chez ces guerriers du reste, étonnant privilége,
L'amour sacré des arts, en général allége
L'inclémence du sort, les arrêts du destin :

Fécondant leurs instincts pour un plaisir folâtre,
On permet qu'exilés sous ce climat lointain
Ils trompent leurs ennuis par les jeux du théâtre.
Aussi bien, quand, ce soir, d'un abondant festin
Nous aurons savouré le plaisir confortable,
Le commandant Peyssard, au sortir de la table,
Nous introduira tous sous le champêtre abri
D'une simple baraque avec goût équipée;
Et là, sur une scène artistement drapée,
Ses acteurs étonnants charmeront notre esprit.
Nous y rirons de voir, sous le frac de la ville,
Ce sergent de *zéphyrs* chantant le vaudeville,
  Avec un aplomb merveilleux;
Ce caporal surtout, avec ses jolis yeux,
  Sa peau si blanche à la lumière,
Qui jouerait à ravir une jeune première,
  N'était sa voix dont l'enroùment
Accuse moins chez lui l'amante que l'amant.

Il se fait tard; la nuit au sommeil nous invite;
  Regagnons le modeste gîte
Où nous attend Morphée avec ses lourds pavots.
Là, bien que notre couche au moindre vent s'agite,
Bien que peut-être encore un certain parasite

17

De son corps aplati rougisse les rideaux,
En dépit du chacal qui recherche sa proie,
Et sous les murs du camp en aboyant tournoie,
Rien n'y saura troubler notre profond repos.

III.

Départ d'El-Arouch. — Une voiture *Masson*. — L'escorte de Bédouins. — Le camp des Toumiettes. — La légion étrangère. — Les travaux de la route. — L'arrivée au camp du Smendou. — Le camp. — L'auberge. — Le sirocco. — Un dîner joyeux. — Une nuit orageuse.

———◦◦———

Tous à cheval! et que chacun se presse.
Sonnez, clairons! que, de loin entendu,
Le boute-selle exprime l'allégresse :
Le général à nos vœux est rendu.
Scellez pour lui sa fringante monture ;
Et, pour parer à toute conjoncture,
Soldats du train, au cortége annexez
Ce char *Masson*, refuge des blessés,

Vrai lit de camp, dont l'habile structure
Aux voyageurs par ses ressorts bercés,
Sur les chemins inégaux, défoncés,
Des durs cahots évite la torture.

Mais qu'ai-je dit? Dans ce char qu'aujourd'hui
Le général a dédaigné pour lui,
Ses officiers, avec galanterie,
Ont installé ma compagne chérie;
Et, notons-le par avance tout bas,
Lorsque demain nos membres un peu las
S'épuiseront aux ardeurs de la route,
Dantan et moi, par sa flexible voûte
Bien ombragés, sur son doux matelas
Nous trouverons, en dépit du contrôle,
D'heureux loisirs goûtés à tour de rôle.

Maintenant donc, en marche! Dans nos rangs
Vont cheminer, pendant cette journée,
Huit ou dix chefs de ces peuples errants,
Dont les *douairs*[30] à la vue étonnée
Montrent soudain, dans un vallon tapis,
Pauvres séjours, leurs huttes, leurs *gourbys*.
Ces chefs soumis, en alliés fidèles,

Du général qui sur eux va régner
Suivent les pas, veulent l'accompagner ;
A nos côtés, leurs maigres haridelles
Qu'avec plaisir chacun de nous revoit,
Étrange escorte, encadrent le convoi.

Hors d'El-Arouch, en suivant la vallée
Presque partout encore désolée,
Terre inféconde et depuis si longtemps
Abandonnée, et veuve d'habitants,
Déjà pourtant la naissante harmonie
De quelques toits avec ordre espacés,
Jalons d'attente, accuse du génie
Les plans nouveaux sur le sol esquissés.
Un peu plus loin, par nous ensemencés,
Des champs fleuris qu'éveille la culture
De leurs trésors revêtent la nature,
Et d'une ferme, avec étonnement,
Nous admirons le complet déploiement.
Plus loin encor, la rencontre imprévue
D'une oasis enchante notre vue :
Là, sur les bords silencieux et frais
D'un clair ruisseau, bords choisis tout exprès
En d'autres temps, nos troupes inquiètes

17.

Avaient assis le camp des Toumiettes.
Dans ce séjour, maintenant désarmé,
Couple d'amis qu'un nœud bizarre assemble,
Près d'un Français avec lui renfermé
Habite un Maure, et l'un et l'autre ensemble
Vivent en paix du sol qu'ils ont semé.

Bientôt la route a redressé sa pente.
Aux flancs d'un roc, rapide elle serpente,
Elle s'y tord en zigzags infinis;
Et lorsqu'enfin nos groupes réunis
En ont atteint la cime dentelée,
Quel beau coup d'œil, au sein de la vallée,
Forment pour nous les camps, leurs alentours,
La route même avec ses longs détours,
Les monts ardus, gigantesque couronne,
Mur de granit qui partout l'environne,
Et cependant, par delà sa cloison,
Nous laisse voir la mer à l'horizon !
L'autre versant, quand nous allons descendre,
Ne sera pas pour nous moins séduisant;
Et je ne pus qu'à peine m'y défendre
D'un vif émoi : là, spectacle imposant,
D'un vaste camp les tentes éloignées,

Et sur leur front les troupes alignées,
Nous présentaient un tableau que les cieux
Illuminaient d'un éclat merveilleux;
Et comme, ailleurs, cette troupe légère,
Dite par nous *Légion étrangère*,
Sous ses drapeaux jadis vit débuter
Le général chargé de l'inspecter,
Dès qu'il paraît, des airs de la patrie,
Pour l'accueillir sans doute et le fêter,
Elle ravit notre oreille attendrie.
Touchant concert, harmonieux accord,
Il fait surgir, comme un autre mirage,
Du seuil natal l'émouvant entourage;
Il a cessé, nous l'écoutons encor;
Et de nos yeux ce rêve plein de charmes
Fait, malgré nous, jaillir de douces larmes.

Autour de nous contemplons en passant,
Pour pratiquer une route nouvelle,
Ces vastes champs qu'on fouille ou qu'on nivèle,
Le viaduc en arc s'arrondissant,
Et maint détail où, rien qu'en le traçant,
Sous le soldat l'artiste se révèle.

Hors de ce large et sinueux vallon,
Quand nous aurons gravi le mamelon
Qui devant nous ferme le paysage,
Un bruit subit, et ce bruit nous présage
Le terme où doit pour nous mourir le jour,
D'un autre camp signale le séjour :
Le canon tonne, et malgré sa fumée,
Encens du brave, hommage de l'armée,
Qui paie aux chefs l'honneur qui leur est dû,
Nous avons pu dans une plaine aride,
Terrain creusé de mainte et mainte ride,
Voir le Smendou sous nos pieds étendu.
Par quatre murs rectangle défendu,
Camp singulier, sans cette artillerie,
N'étaient aussi casernés dans son sein
Quelques soldats, spahis ou fantassin,
On le prendrait pour une métairie,
Pour ces abris dont le toit familier
Loge chez nous postillon et roulier.
Entre ses murs, point d'hôtel ; une auberge,
Ou pour mieux dire un pauvre cabaret,
A nos regards tout d'abord apparaît,
Nous reçoit tous, nous case, nous héberge
Tant bien que mal ; bref, chacun s'établit,

Et pour le soir y fait choix de son lit.
Quel choix, grand dieu ! Comme la nuit prochaine
Sera pour nous riche en cruels tourments !
Mais patience, et des événements
Laissons ici se dérouler la chaîne.

Et cependant, que dirai-je? à midi
Nous arrivions dans ce séjour maudit,
Et, dès l'abord, sa morne solitude,
Le triste aspect, l'affreuse nudité
Des alentours, de ce sol habité
Par les Romains, aujourd'hui dévasté,
Tout nous jetait dans une inquiétude,
Dans un ennui de nous-mêmes, des lieux,
Dans un état morose, soucieux.
Une autre cause encore bien puissante
Qui de notre âme éteinte, languissante,
Paralysait sans doute la vertu,
Qui nous tenait, comme un lourd somnifère,
Les sens flétris et l'esprit abattu,
C'est que sur nous, du sein de l'atmosphère,
Pesait alors, jaunissant l'horizon,
Un air épais, méphitique poison ;
C'est qu'embrasé par une mer de sable,

Du vieux simoun le frère impérissable,
Dans ce désert muet et sans écho
Soufflait sur nous le brûlant sirocco.
Et nous, bravant sa mordicante haleine,
D'un pied hardi, rêveurs, nous parcourons
Le camp français, les tristes environs ;
Mais l'ouragan qui tourmente la plaine
Fait ruisseler la sueur sur nos fronts ;
Il nous énerve, obscurcit la lumière
Des flots heurtés d'une fine poussière,
Et nous oblige, après de vains essais,
De notre gîte à retrouver l'accès.

Consolons-nous ; d'un repas plus sortable
Qu'aucun de nous ici ne l'eût rêvé
L'heureux moment est enfin arrivé.
Le général nous convie à sa table,
Notre courage à tous est relevé.
Faut-il d'ailleurs que la gaîté sommeille,
Quand le bordeaux, à la couleur vermeille,
Quand le champagne, aux flacons frémissants,
Va réveiller notre verve et nos sens ;
Quand devant nous, ingénieux convive,
L'amphitryon, par son entrain, ravive

L'entrain de tous et les joyeux accents,
Lorsque Dantan, d'une main exercée
Que le simoun certes n'a point lassée,
Nous improvise un riant souvenir
Dont l'un de nous dotera l'avenir?

L'obscure nuit plane sur la vallée :
Nuit misérable, hélas! et désolée,
Où nous allons, maudissant le destin,
Sans fermer l'œil, attendre le matin.
L'un, déchiré par d'infectes morsures,
Compte bientôt ses hideuses blessures;
L'autre, qu'évente un lambris transparent,
Cherche et poursuit le parasite errant,
Quand l'aquilon, complice trop fidèle,
Par la cloison vient souffler la chandelle.
Quant à nous deux, confinés dans un trou,
Qu'il me suffise, abrégeant notre histoire,
De rappeler ce fait trop péremptoire,
Qu'outre celui dont le nom rime en *ou*,
Honte et malheur sur le camp du Smendou!
Six ennemis conjurés pour nous nuire
Vont sur nos lits circuler ou bruire :
L'un est l'insecte aux sauts précipités;

L'autre, au corps plat, nous mord à ses côtés,
Et le troisième aux rideaux pend sa toile,
Filet trompeur sous lequel il se voile;
Ajoutez-y l'assourdissant grillon,
L'adroit moustique au piquant aiguillon,
Et la cigale, amante du sillon,
Et concevez la nocturne furie
De malheureux brisés par le chemin,
Et condamnés, jusques au lendemain,
A repousser cette troupe aguerrie,
A soutenir le combat inhumain
Que leur livrait cette ménagerie.

IV.

Départ du Smendou. — Plaines arides. — Encore le sirocco. — Un beau point de vue. — Un camp de travailleurs. — Constantine vue de loin. — Le pont d'Aumale sur le Rummel. — La montée de Constantine. — L'escorte du général. — L'arrivée.

———o(———

L'aube a blanchi les cieux : le général souffrant,
Qu'ont lassé les rigueurs d'une longue insomnie,
N'en veut pas moins, bravant sa morbide atonie,
A cheval, comme nous, reprendre aussi son rang.
Nous partons : le Smendou, capricieux torrent,
Bientôt coupe la route, et son onde abaissée,
Par toute la colonne aisément traversée,
    Sous des berceaux de lauriers et de lis

Serpente dans la plaine en multiples replis.
Plus loin, notre colonne, elle-même onduleuse,
  Gravit les flancs d'une côte argileuse,
Redescend, se redresse, et se déroule enfin
Comme le flot mouvant d'un océan sans fin.
Parfois, seul point d'arrêt qui repose la vue,
D'une pauvre tribu les nomades abris,
Dans le fond d'un ravin, sous nos regards surpris,
Groupent de leurs *gourbys* la famille imprévue;
   Parfois encor, au pied des monts,
De ce désert immense inégales barrières,
   Un camp se montre, et nous aimons
A le voir signalé par nos couleurs guerrières,
   Qui, pareils à des tirailleurs,
Disperse autour de lui ses nombreux travailleurs.

Cependant le soleil, de ses rayons torrides,
Calcine sous nos pas les campagnes arides :
   Soudain, des mobiles sillons
Soulevant la poussière en épais tourbillons,
  Plus emporté, plus fougueux que la veille,
Le bouillant sirocco contre nous se réveille.
Fouettés par ses assauts qui dans nos rangs troublés
Ont jeté le désordre, incertains, aveuglés,

Nous marchons au hasard; l'un, pour fuir le tumulte,
En dehors du chemin s'ouvre un sentier inculte,
L'autre avec son mulet qu'effraya l'ouragan
Se heurte, à son insu, contre un cheval fringant :
Pour moi, dans ce chaos où se perd la nature
    Ne voyant plus ni le sol ni les cieux,
J'abandonne ma bride et je ferme les yeux,
    Et je chemine au gré de ma monture.
Honneur à son aplomb ! de cette conjoncture,
      Où plus d'un ne l'imita pas,
      Elle sortit sans un faux pas.

    Nous arrivons au terme de la lutte.
De ces sommets ardus que le vent nous dispute
Nous avons, non sans peine, abordé les plateaux.
Son souffle impétueux gonfle encor nos manteaux ;
    Mais là du moins les trombes de poussière
    Ne sauraient plus nous masquer la lumière ;
L'ordre s'est rétabli; tel que l'on croit perdu
Répond à notre appel, à son groupe est rendu ;
Dans nos cœurs vont renaître et l'espoir et la joie,
    Et l'horizon qui se déploie
Déroule devant nous le plus riant tableau.
    Dans un vallon, dormant au bord de l'eau

Qui lui donne sans doute une éternelle vie,
Une vaste oasis, ombreuse à faire envie,
Corbeille de verdure, île aux rivages frais,
Sous un ciel dévorant, sur ces terres hâlées
Que hérissent partout des roches désolées,
Étale de ses fleurs les séduisants attraits.
En deçà, point central d'un paysage austère,
Surgit d'un nouveau camp l'attirail militaire :
Ses coniques abris avec ordre étagés ;
Ses nombreux bataillons près du chemin rangés ;
Ces reflets de soleil jaillissant de leurs armes ;

  Cet orchestre retentissant,
 Qui de ses chants nous salue en passant ;
Ces scènes qui pour nous empruntent tant de charmes
  A la couleur des environs,
Au théâtre imposant où nous les admirons ;
Tout cela nous ravit, et d'un oubli suprême
Couvre les maux passés et le simoun lui-même.

Soudain, et ce coup d'œil est d'un tout autre prix,
 Bien que d'abord avec peine compris
  Par le regard et la pensée,
Sur le point culminant d'une cime élancée,
Sur un roc vertical et qui ferme le fond

D'une gorge creusée en impasse profond,
      Constantine à nous s'est montrée,
      Constantine qu'ont illustrée
De si beaux souvenirs, historique *Cirtha*
      Que tant de fois Salluste nous cita.
Voici donc sous nos yeux d'émotion humides
La ville qui jadis commandait aux Numides ;
Voici donc ces rochers, où, longtemps impuni,
L'aiglon usurpateur avait assis son nid ;
Voici ces fortes tours, ces robustes murailles,
Témoins sous Jugurtha de tant de funérailles ;
Ces vallons qui, malgré les siècles révolus,
Nous redisent le nom du brave Métellus ;
Et ce minaret blanc, jalon d'une autre arène,
Qu'à son tour consacra l'ère contemporaine,
Et que, grâce aux pinceaux fidèles de Vernet,
      Chacun de nous d'avance reconnaît.

Oh ! pour fouler ces lieux de merveilles prodigues,
Que nous font désormais nos peines, nos fatigues ?
Hâtons-nous, franchissons le célèbre torrent,
Le Rummel, où naguère, espoir de notre armée,
Un prince jeune d'âge et vieux de renommée,
D'Aumale, asservissant leur rebelle courant,

A su jeter au sein des ondes frémissantes
D'un pont cher au piéton les assises puissantes.

Déjà nous gravissons du versant montueux
La route aux longs replis, déjà l'abrupte roche
S'abaisse sous nos pas, et notre but approche ;
    En même temps, groupe majestueux,
D'officiers de toute arme innombrable cohorte,
Grossit du général l'étincelante escorte.
Superbe, au milieu d'eux, Yusuf de ce pays,
Marche le colonel des belliqueux spahis ;
Guerrier ruisselant d'or, la peau d'une panthère,
Pendue à ses arçons, retombe jusqu'à terre.
Comme tous, il s'est fait un soin religieux
D'honorer le vainqueur arrivé dans ces lieux,
Aux jours de la conquête, avec l'humble épaulette
Du chef de bataillon, lorsque, intrépide athlète,
    Devant les étendards français
De la brèche fumante il sut frayer l'accès,
Et qui revient ici gouverneur de province,
Lieutenant général et successeur d'un prince.

Mais, modeste non moins que brave, notre chef
Se refuse à l'accueil que Constantine apprête ;

Fatigué par la route, il défend derechef
Qu'on prépare pour lui la pompe d'une fête.
    Aussi les abords sont couverts
De Berbères, Biskris, Maures les plus divers,
    Et quelques-uns, au cortége insensibles,
Sont là, près du chemin, accroupis ou rêvant,
Ou, pour prier Allah tournés vers le Levant,
    Frappent le sol de leurs fronts impassibles.
Mais point de nos drapeaux enlacés de lauriers;
Point de vivante haie, ou de concerts guerriers;
Rien que les sons criards et les accords bien aigres
Des flûtes et tambours des saltimbanques nègres.
Aussi, sans que la voix du bronze ait retenti,
    Nous parvenons au Coudiat-Aty :
La brèche est devant nous. C'est là cette esplanade
Que joncha de mourants la longue canonnade;
C'est là, derrière nous, à la base d'un mont,
Au passant recueilli simplement signalée
    Par le granit d'un mausolée,
La place funéraire où tomba Damrémont;
Nous foulons de nos pieds les briques tumulaires,
Sépulcres des croyants; ces tours quadrangulaires,
Le Romain les bâtit, ou mieux les restaura;
Nous voyons les ravins, défense naturelle

De Cirtha, si longtemps imprenable par elle,
Et les hauteurs du Mansourah.

Entrons, la porte crénelée
Que dota de son nom le maréchal Valée
S'est ouverte pour nous; le convoi solennel
Y perce lentement la foule accumulée,
Et nous, par une rue, ou plutôt un tunnel,
Qui paraît aboutir à quelque pauvre échoppe,
Nous allons arriver au bon hôtel d'Europe.

V.

Un souvenir de la patrie. — L'église de Constantine. -
La brèche. — Le palais d'Achmet-Bey.

———·} ○———

Tout se flétrit, hélas! tout se fane ici-bas,
Et même le plaisir d'aventurer ses pas
      Bien loin du sol de la patrie :
Si forte que puisse être et si bien aguerrie
L'âme du voyageur, vient toujours un moment
Où le terrain natal, irrésistible aimant,
Rappelle sa pensée inquiète, affligée,
      Jusqu'à ce jour où s'endort ce tourment

Ce jour où de l'absence on atteint l'apogée.

Ce bonheur est enfin le nôtre, nous aimons,
En nous voyant ici, par delà tous ces monts
Dont nous avons franchi les crêtes nébuleuses,
Songer que désormais chaque jour, chaque instant,
Chaque pli successif des routes onduleuses,
  Fera pour nous de moins en moins distant
Le toit où l'amitié nous cherche ou nous attend.

Heureux de savourer cette douce assurance,
  Cet avant-goût du ciel de notre France,
D'une ancienne mosquée, aujourd'hui temple saint,
  Que nous révèle une cloche argentine,
  Nous visitons la voûte bysantine :
De rares assistants, clairsemés dans le sein
  De cette église rajeunie,
Font des psaumes du soir retentir l'harmonie,
Et du haut d'une chaire, objet d'art précieux,
Un prêtre, analysant un texte évangélique,
Enseigne ces vertus, talisman catholique
  Qui nous donne la clé des cieux.

Nous revoyons cette scène d'alarmes,

Cette arène où la France a su laver ses armes
　　　D'un indigne et fatal affront;
Cette brèche béante encor; cette muraille
Que l'obus échancra, qui porte sur son front,
Écrits en traits vengeurs par l'ardente mitraille,
Les prodiges du jour à jamais renommé
Où le passage étroit, par la bombe entamé,
Opposant à nos coups d'inutiles entraves,
Arbora nos couleurs et s'ouvrit à nos braves.
Nous tremblâmes d'abord, quand de noirs tourbillons
Vinrent d'un mur de feu cerner nos bataillons;
Mais, à la voix des chefs, à l'appel de la gloire,
La colonne d'assaut bientôt reprit ses rangs,
Se rua du milieu des morts et des mourants,
Et d'un beau fait de plus enrichit notre histoire.

　　　Nous saluons le minaret témoin
De cet exploit fameux, tout sillonné lui-même
De mainte cicatrice, et que l'on a pris soin
De dédier, ainsi qu'un hommage suprême,
Aux héros tombés là d'un trépas glorieux.
Guerriers chers à la France, ils dorment dans ces lieux;
Ils dorment, et leurs noms, de la ville vaincue,
Honneur bien légitime, illustrent chaque rue.

Le soir venu, nous franchissons le seuil
Du palais d'Achmet-Bey; cette étrange folie,
Alors que d'Hussein-Dey la ruine accomplie
Eut de ce fier voisin gonflé le sot orgueil,
Devait, dernier reflet de sa gloire enivrante,
Éterniser le deuil d'une pompe expirante.

Nous admirons, par la lune argenté,
Ce féerique séjour, ce domaine enchanté :
Voûtes où brille l'or, colonnettes mauresques,
Murs que l'art indigène a revêtus de fresques,
Corridors étagés aux riantes couleurs,
Jardins que l'oranger parfume de ses fleurs,
Bassins d'où l'eau s'élance en gerbes bondissantes,
    Tout ce qui peut des âmes languissantes,
Pendant l'ardeur des jours, ou la fraîcheur des nuits,
Éveiller les transports ou tromper les ennuis.

VI.

Le quartier commerçant. — Encore la brèche. — Le nègre et les serpents. — Le Rummel traversé à gué. — Le Mansourah. — Constantine vue du Mansourah. — Le Pont *El-Cantara*. — La Porte d'*El-Cantara*. — La mosquée. — Le bazar. — Le plan de Constantine en relief. — L'hôpital. — L'artillerie. — Vue du ravin. — Le temple romain. — La citerne. — Encore le palais de Constantine.

———o o———

Avec le jour naissant paraît à notre porte
Un spahi jeune encore, Abdallah, notre escorte.
  Avec lui, l'un des officiers
   Qui vinrent de Philippeville,
Va nous montrer aussi les populeux quartiers
  Et les alentours de la ville.

  Nous partons donc, et sous nos yeux

Se déroulent d'abord des sinueuses rues,
Par la foule indigène en tous sens parcourues,
　　　Le labyrinthe curieux.
Ane, chameau, mulet, et Bédouin et Kabyle,
Y fatiguent les airs d'un bruit assourdissant;
　　　Malgré les *baleck* ³¹, le passant,
Dont tout ce brouhaha souvent chauffe la bile,
　S'il n'est armé d'un bâton menaçant,
　Pourra se voir berné par cette houle,
　　　Et même rester là gisant
Au sein des flots pressés d'une éternelle foule.

Nous traversons, d'un pas assuré mais hâtif,
Ce quartier commerçant et toujours primitif,
Où chaque boutiquier habite un réduit sombre,
Où mille objets nouveaux et costumes sans nombre
Se présentent à nous, pêle-mêle, au hasard,
Où chaque rue, avide et de fraîcheur et d'ombre,
S'abrite sous un voile et simule un bazar.
　　　Arrivés à l'antique arcade
Dont Vernet crayonna l'historique embuscade,
Nous contemplons ces lieux qui, par leur rude accès,
Coûtèrent tant de sang aux assaillants français,
Où la témérité fut vertu nécessaire;

Ces murs par nos boulets meurtris et déformés ;
La caserne du janissaire
Qui vomissait la mort sur nos flancs entamés ;
Nous revoyons cette brèche étonnante,
Ces blocs que disjoignit une mine tonnante,
Ce théâtre de faits dignes que l'avenir
En conserve un long souvenir.

Sortis de Cons'antine, un tout autre spectacle
Nous amuse un instant : la foule, et cet obstacle
Devant une épaulette entr'ouvre avec respect
Son cordon circulaire, ou fuit à son aspect,
Entoure un nègre agile, un banquiste indigène.
Celui-ci qu'un orchestre étrange, discordant,
Excite dans ses jeux de son concert strident,
Exprimant par des cris une trompeuse gêne,
A sa langue, à ses bras, d'un *anguis* innocent
Suspend le corps visqueux, montre au public le sang
Qui paraît en effet sourdre de ses blessures,
Et, par les mouvements de son torse agité,
Par ses gestes, ses sauts et sa loquacité,
Par ce luxe inhumain de sang et de morsures,
Des flaneurs ébahis provoque la gaîté.

Descendus au prochain rivage,
Du paresseux Rummel lit pierreux et sauvage,
Pour y franchir à gué le fleuve au sombre cours,
Nos pas mal affermis réclament un secours;
  Soudain Abdallah fait entendre
De ces cris de *Sioux*, tels qu'on n'en doit attendre
  Que des échos d'un lac américain :
  A cette voix, de la berge voisine
   Accourt un beau nègre africain;
  Et, tour à tour, avec sa bête asine,
Bientôt nous voilà tous au delà du torrent.
Là nous sont destinés d'un travail différent
Les pénibles efforts, l'épreuve haletante.
Il faut du Mansourah, dont la cime éclatante
Commande de si haut la plaine et ses vallons,
Gravir les flancs à pic, les hardis mamelons,
  Tandis qu'une atmosphère ardente
Déchire de ses feux le sol que nous foulons.

Ce fut, on peut me croire, une rude montée :
  Mais aussi quel ravissement!
Quel immense horizon, panorama charmant,
Cette cime réserve à la vue enchantée!
A nos pieds Constantine avec ses minarets,

Ile aux bords escarpés, sur un rocher assise,
Ville que cet aspect lui-même poétise,
Plus belle ainsi de loin qu'étonnante de près ;
Ces fossés naturels, ces crevasses profondes,
Où le fleuve en grondant emprisonne ses ondes ;
Ce pont qui le traverse et ses noirs arcs-boutants,
Construits par les Romains, respectés par le temps,
Enfin, cadre inégal du paysage étrange,
Ce chaos de sommets qui s'entasse et se range
Tout autour de la plaine et du gouffre béant
Comme les flots muets d'un solide océan ;
Et puis, comme jalons où le regard s'arrête,
Le palmier, l'aloès dans l'espace perdus,
Ou le cactus noueux avec ses bras tordus ;
   De l'aqueduc, à l'anguleuse arête,
Les cintres incomplets dans les airs suspendus,
Ces zigzags miroitants que le Rummel dessine,
   Et l'oasis que son onde avoisine,
   Où Constantine exila ses jardins,
Et du chemin d'hier les sinueux gradins.

En quittant ce tableau dont la magnificence
Couronne de splendeur le front du Mansourah,
Allons étudier ce pont *El Cantara*,

Qui du peuple romain proclame la puissance.
Voyons-le, fier encor, au-dessus du torrent,
D'arceaux superposés asseoir son double rang ;
Sa courbe qui franchit les obscures entrailles
D'un abîme sans fond, mystérieux ravin,
Sur l'autre bord s'appuie aux antiques murailles,
A la porte de fer contre laquelle, en vain,
Les foudres répétés de notre artillerie
Épuisèrent d'abord leur tonnante furie,
Quand ce chef, que la gloire a pris soin d'ennoblir,
Clausel, vit dans ces lieux son étoile pâlir.

D'un nouveau guide, ici, notre escorte est flanquée :
Érudit habitant de ce riche pays,
   Le capitaine des spahis
Vient d'ouvrir devant nous une antique mosquée,
   Belle de maint et maint détail ;
J'en épargne au lecteur l'inutile redite :
Il nous conduit ensuite au caravansérail,
Et là, sous notre vue étonnée, interdite,
Que d'objets vont passer, aiguillons du désir,
A faire se pâmer d'envie ou de plaisir
Ceux pour qui tous ces riens sont choses sans pareilles !
Colliers, bracelets d'or, double cerceau d'argent

Dont la négresse alourdit ses oreilles,
Brocards, schals de Tunis, et, contraste affligeant,
Notre clinquant français qu'à cet or on marie,
Nos foulards de Lyon, notre rouennerie,
Que l'indigène, heureux de les avoir reçus,
Aime à substituer à ses anciens tissus.

De tous ces mille appas de la coquetterie
    Dans ce bazar en passant aperçus,
        Abrégeons la trop longue liste,
        Pour entrer chez ce jeune artiste.
    Nous y verrons un travail d'un grand prix
Qu'il a de son plein gré hardiment entrepris :
Copiste infatigable, il recompose en liége
Ce qu'était Constantine à l'époque du siége,
Ses murs, ses marabouts, son Rummel tortueux,
La cigogne, habitant ses toits anfractueux.
Admirable relief, dont les longues merveilles
De six ans de labeur auront usé les veilles.

Parmi les monuments que le génie abat,
Ici, comme partout, dans la ville, autour d'elle,
    Je citerai sa vieille citadelle,
Séjour des anciens beys, son immense Kasbah.

Sur ces débris, et dans un lieu propice,
  Au sommet d'un roc élevé,
  S'offre à nous un récent hospice,
Puis à l'artillerie un palais réservé,
  Et, sur les flancs du précipice,
Un gracieux jardin avec art dessiné.
 Près de ce lieu, de mille fleurs orné,
Nous remarquons la place où, vengeur bien austère
  Des faiblesses de sa moitié,
  Tout Maure venait sans pitié
Lancer dans le ravin une épouse adultère.

Plus loin on nous signale, et, grâces à Vernet,
 Chacun de nous encor se reconnaît,
Ces horribles talus, effroi de la pensée,
D'où cherchant tout à coup une fuite insensée,
Quand nos soldats vainqueurs s'élancèrent contre eux,
Hommes, femmes, enfants, avec le trouble affreux,
Le désordre et les cris d'une folle déroute,
L'un par l'autre meurtris, renversés et perdus,
Blessés et mourants même ensemble confondus,
Tentèrent vers la plaine une incroyable route.
Malgré ce souvenir, comme une belle horreur
Transforme en doux émoi jusques à la terreur !

Comme ce noir ravin, comme l'eau bondissante
Du Rummel, ses reflets d'écume blanchissante,
Ce moulin qui, plus bas, du flot civilisé
S'approprie avec art l'effort utilisé,
Comme la vaste plaine et sa morne étendue,
Fascinent à la fois et l'esprit et la vue !

   Poursuivons ; sur notre chemin
Nous allons retrouver de ces restes antiques
Dignes à mon avis de regrets sympathiques :
Là surgissait jadis un beau temple romain ;
Ces fûts, ces chapiteaux, d'un travail surhumain,
De ce pieux séjour décoraient les portiques ;
  Près de la place où grandiront
   Ces tristes murs d'une large caserne,
Ce profond réservoir accuse une citerne
Que les siècles futurs, certes, admireront,
Tant l'antique ciment qui tapisse ces voûtes
   Les affermit, les éternise toutes,
  Si toutefois, par quelque nouveauté,
   De cet impérissable ouvrage
Qui des ans conjurés a défié l'outrage,
L'avenir avant peu n'est pas déshérité.

Ainsi, tout ce qui n'est que beau, que pittoresque,
Va chaque jour devant nous s'effaçant.
Ainsi notre marteau, toujours démolissant,
Doit raser, nous dit-on, cette maison mauresque
Où, tous ensemble admis, d'un air rafraîchissant
Nous venons aspirer le souffle caressant.

Pour clore dignement cette longue journée,
Le général nous attend : contre lui
Sévit hélas ! une fièvre obstinée,
Et seul encor je l'aborde aujourd'hui ;
Mais ses aides de camp du moins, en son absence,
Vont du palais dérouler sous nos yeux
Le luxe oriental et la magnificence.
Ils nous livrent, détails charmants, délicieux,
Des secrets logements le séduisant mystère :
C'est le boudoir coquet et solitaire,
Ou le salon vêtu de marbre et d'or,
Ou les murs découpés de l'étroit corridor ;
C'est le kiosque, enceinte diaphane,
Où d'Aumale venait sur la fin du repas,
Des entretiens légers animant les ébats,
S'enivrer des parfums mûris par la Havane.
Ils nous expliquent ces dessins

Ces fresques, solennel hommage
Voué par l'Islamisme au plus grand de ses saints;
Naïve et curieuse image
Des villes que la mer dut baigner de son eau
Pour le croyant qui vit la Mecque et son tombeau.
Ils nous montrent ainsi tout ce palais immense,
Splendide monument de cruelle démence,
Que sur vingt-sept maisons, farouche envahisseur,
Fit élever son possesseur,
Et qu'on ornait, au gré de son envie,
De la richesse à ses sujets ravie,
Des colonnes, appuis de leurs toits ébranlés,
Tandis que, pour répondre à leurs cris désolés,
Lui-même, bien souvent, leur arrachait la vie.

VII.

Un excès de couleur locale. — Descente dans le ravin. - L'eau thermale. — Le tableau d'Horace Vernet. — Les moulins. — Les cascades du Rummel. — Le Coudiat-Aty. — Les adieux. — Une sérénade mauresque.

———•◦———

Constantine, et ce fait a droit d'être cité,
Constantine est pour nous une étrange cité.
Tout nous y plut d'abord : ce mouvement qu'on aime,
Ce primitif aspect, ces costumes nombreux,
Ce tumulte incessant, ces réduits ténébreux,
La femme qui s'y voile avec un soin extrême,
  Le Kabyle, à l'air valeureux,
Tout cela nous ravit : pourtant, ce plaisir même

Y fatigue par son excès.
L'avouerai-je? ces lieux semblent trop peu français,
Trop monotones, trop sauvages.
Aussi, des carrefours sans cesse embarrassés,
Des grossiers habitants de ces lointains rivages,
Des ânes, des mulets l'un par l'autre pressés,
Tranchons le mot, nous avons presque assez.

Cependant nous allons encore,
Ce matin, explorer le quartier que décore
Du commerce local l'attirail séduisant;
Et, dès que nous aurons d'un butin suffisant
Grossi notre léger bagage,
Sous l'azur d'un beau ciel dont l'éclat nous engage,
A l'abri de sa vive ardeur,
Nous irons des ravins scruter la profondeur.
Là, d'un sol excavé pénétrant les entrailles,
Dans un antre fermé par d'antiques murailles,
Nous voyons sourdre une eau dont le foyer thermal
A pu guérir plus d'un trouble anormal.
Auprès d'elle, et mieux que la veille
Ce tableau nous glaça d'une froide terreur,
Se dressent ces talus dont la pente réveille
Des souvenirs de mort et des scènes d'horreur.

Ici l'on releva, déchirés par leur chute,
Ces cadavres épars, souvent même entassés;
Sur ce terrain sanglant, au pied de cette butte,
Se traînaient en hurlant de malheureux blessés;
  Touché par sa grâce mutine,
Un des nôtres ici recueillit cette enfant
  Que dans sa tente il porta triomphant,
  Et que dès lors on nomma *Constantine*.

Nous revoyons aussi, d'un œil admirateur,
Ces moulins, ce Rummel, leur rapide moteur,
Qui, déroulé soudain en spumeuses arcades,
Ébranle les rochers du choc de ses cascades.
  Enfin, d'un pas plus ralenti,
Gravissant de nouveau le Coudiat-Aty,
Nous saluons d'en haut, et la ville numide,
Et ses tours d'autrefois, et ce champ du repos
Où gisent nos vengeurs tombés sous leurs drapeaux,
Et de leur noble chef la sombre pyramide.

  Voici venir l'heure de nos adieux.
  Le général, toujours officieux,
D'aujourd'hui seulement la fièvre lui pardonne,
Nous reçoit au palais, et d'avance il ordonne

Et, jusqu'aux murs d'Alger, veut régler à son tour
    Les détails de notre retour.
Il nous dit, et ce fait ici je le signale
    Comme un des bonheurs du chemin,
  Qu'un colonel d'humeur brave et loyale,
Le chef d'état-major qu'avait choisi d'Aumale,
    Avec nous partira demain.

Peut-être je tairais la fin de la journée,
Par un dîner d'amis simplement couronnée,
Si je n'y retrouvais un autre souvenir
    Que je ne veux oublier, ni bannir.
Le jour fuit : nous rentrons dans la maison mauresque
Dont j'ai noté plus haut le style barbaresque,
Et, sitôt que nos pieds en atteignent le seuil,
En guise apparemment de salut et d'accueil,
Des accords, à briser l'oreille la moins tendre,
    Tout à coup se sont fait entendre.
Nous reculons d'abord ; mais notre amphitryon,
Invisible témoin de cette émotion,
    Accourt bien vite et nous installe
Sur un balcon à jour, tribune orientale,
    D'où ce concert imprévu, merveilleux,
Autant que nos tympans, va surprendre nos yeux.

Dans une cour étroite, et non sans quelque gêne,
Des éclatants spahis la musique indigène,
Avec ses tambourins, ses flûtes, ses hautbois,
Si glapissants qu'un sourd en serait aux abois,
Étale sur le sol, au fond des galeries,
Son burnous écarlate aux amples draperies;
  Elle se groupe, échelonne ses rangs
Et fait vibrer les airs de ses sons déchirants.
   Bientôt pourtant, de tout l'homme se lasse,
   Pour ce bonheur chacun demandait grâce;
Et, convives charmés, pour le repas du soir,
Sous un gai marabout on nous faisait asseoir.

VIII.

Retour de Constantine. — Le convoi. — La pluie. — Le colonel T. — Déjeuner au camp du Smendou. — Le chacal. — Les rouliers kabyles. — Arrivée au camp d'El-Arouch.

———o o———

Six heures vont sonner : la place *de la Brèche*
Nous a tous réunis : Sophie et sa calèche
Aux ressorts adoucis, par Masson inventés,
    Le colonel, et nous à ses côtés ;
Un chirurgien-major, dans ses bras il transporte
Son jeune fils qui va, maladif, échanger
L'air fiévreux de Cirtha contre celui d'Alger,
    Et cinq spahis, notre vaillante escorte.

Bref, tout compté : soldats, ordonnances, valets,
Bédouins déguenillés qui mènent les mulets,
Abdallah notre guide avec son capitaine,
    Pour quelque temps prêts à suivre nos pas,
Et l'hôte d'El-Arouch, qui, bravant les combats,
S'est armé jusqu'aux dents comme un Croquemitaine,
Notre convoi s'élève à presque la vingtaine.

    Nous partons : un ciel menaçant,
    Sur nos têtes s'assombrissant,
    Obscurcit au loin les vallées.
    Ce n'est plus l'azur radieux
    Qui, sur les cimes dentelées
    Resplendissait, quand, dans ces lieux,
    Nous gravissions, d'un pas joyeux,
    Les collines amoncelées.
    Que dis-je même? sur nos rangs
    Le ciel va se fondre en torrents;
    Et nous, de nos burnous humides
    Dès le départ enveloppés,
    Nous sillonnons des champs numides
    Les chemins hélas! détrempés.

    Nous revoyons ainsi ces plaines

De souvenirs encor si pleines,
Mais d'un aspect si rembruni;
Ce sol si rarement uni,
Mais où chaque onduleuse ride
Nous offre une triste pâleur :
Tableau sévèrement aride,
Il n'a pour cadre et pour couleur
Qu'un horizon de brume et d'ombre,
Que d'un nuage immense et sombre
Le linceul à la froide ampleur.

Ces camps dont la vive harmonie
Faisait pour nous vibrer les airs,
Aujourd'hui muets et déserts,
Leur austère monotonie
Est sans reflets et sans concerts.
Nous retrouvons, près de la pente
Qui se déroule et qui serpente
En mille gracieux détours,
Cette oasis aux doux contours
Dont nous admirâmes l'ombrage,
Et ses bosquets délicieux
Cachent leurs bois silencieux
Sous le rideau noir de l'orage.

Heureusement, de son courage
Nous prêtant l'appui paternel,
Notre aimable et bon colonel
Sait dans nos âmes affaissées
Dissiper les tristes pensées.
Aussi fidèle observateur
Qu'aimable et facile conteur,
Il nous dit ses courses errantes,
Et de guerrier, et de savant,
Sous le beau soleil du Levant,
Aux ardeurs parfois dévorantes.
Il nous détaille ses exploits,
Soit dans cette antique Morée,
Arène illustre et vénérée,
Où Lycurgue dicta ses lois;
Soit même ici, sur cette terre,
Quand d'une carte militaire
Sa main traçait les plans nouveaux.
Il nous redit les longs travaux
De ces cohortes intrépides,
Des spahis aux chevaux rapides,
Que plus d'une fois, sous ses yeux,
Dirigeant leurs coups glorieux,
D'Aumale a sur ce territoire

Conduits lui-même à la victoire.
Et nous, séduits en l'écoutant,
Nous narguons la pluie et l'autan.

Livrons-nous d'ailleurs à la joie.
Le ciel s'épure, et nous renvoie
Une rassurante clarté.
L'orage a fui vers les montagnes ;
Tout a repris dans les campagnes
Et la fraîcheur et la gaîté.
Voici, comme première pause,
Que notre regard se repose
Sur le Smendou, riant séjour
Pour qui n'y passe que le jour ;
Puis, à sa table, sans rancune,
Bientôt tous les quatre installés,
Bravant notre ancienne infortune,
Et de nos soucis consolés,
Pour pousser plus loin le voyage,
Nous reprenons force et courage.

A cheval donc, sans plus surseoir !
Dans El-Arouch campons ce soir,
Après la fraîche matinée,

Si belle sera la journée.
Tous nos coursiers dans leur ardeur
Vont si bien franchir, hors d'haleine,
Et le ravin et la hauteur,
Et les broussailles et la plaine;
Nous serons si flattés demain,
Grâce à notre course hâtive,
De n'avoir plus en perspective
Que le dernier tiers du chemin !

Et maintenant, que redirai-je
De cette route et du cortége?
Peu de chose : un seul trait local
Que ma plume, toujours fidèle,
Notera comme digne d'elle,
C'est la rencontre d'un chacal
Qui bien longtemps, par aventure,
Suivit notre leste voiture,
Alors que, pressant sa monture,
Son guide, en dépit du destin,
Trottinait seul dans le lointain.

Au reste, le simple uniforme
Ici tient lieu d'un talisman.

Grâce à l'idée apparemment
Que de nous le Bédouin se forme,
Nous pûmes voir, à son aspect,
S'écarter vite avec respect
De Kabyles les divers groupes
Qui, voyageant par longues troupes,
S'en vont voiturant sur le dos
De leurs mulets de lourds fardeaux.
Parfois, il est vrai, notre brave,
Pour exercer son bras puissant,
Au front de cette horde esclave
Imprimait son fouet en passant :
Et cependant, race félonne,
Le fait encore est bien récent,
Devant ce tronçon de colonne
Ces malheureux ont, sans remord,
Pillé naguère et mis à mort
Un voyageur dénué d'armes
Qui, pendant la nuit, sans alarmes,
Sur ce chemin inhabité
Promenait sa témérité.

Qu'ai-je aperçu ? Déjà le terme !
Voici le camp, voici la ferme

D'El-Arouch, et le commandant
Qui, pour nous recevoir lui-même,
Hôte officieux, nous attend :
Et, ce soir, comme chacun aime
Ce délassement curieux,
Ses *Zéphyrs*, acteurs merveilleux,
Nous joueront de leurs répertoires
Deux des pièces les plus notoires.

IX.

La ferme d'El-Arouch. — Départ. — Le chemin de traverse. — Un douair. — Le bois d'oliviers. — Le blokhaus historique. — La poste aux lettres. — Rentrée dans Philippeville. — L'hôtel de Paris.

———о о———

Dès que le jour a reparu,
D'un site à cheval parcouru
Nous voulons juger la nature,
Les richesses et la culture.
Nous sortons, et le commandant,
Suivant nos désirs nous guidant,
Nous promène dans la campagne ;

Et, séduits, il nous accompagne
Jusqu'à cette ferme d'essais,
Où tant de beaux et prompts succès
Ont, par d'importantes merveilles,
Payé ses efforts et ses veilles.
Là nous admirons en détail :
Les étables, la bergerie,
La basse-cour, le gros bétail,
Et le fourrage et la prairie.
Sur ce sol aux naissants attraits
Nous rencontrons ombrages frais,
Bois touffus, bosquets solitaires,
Fruits savoureux, riants parterres
Que déjà mille et mille fleurs
Émaillent de vives couleurs.

Le temps a fui ; l'heure est sonnée,
Par le colonel assignée ;
Il nous faut songer au départ.
Adieu donc, ferme que notre art
Doit faire un jour si fortunée !
Adieu le camp et son rempart !
Pour achever notre tournée,
Utilisons la matinée,

Salut au commandant Peyssard!

La colonne a repris sa course;
Cette fois même elle parcourt
Un chemin étroit, mais plus court.
Il va pour nous être la source
De mainte rencontre nouvelle :
Ici, c'est tout un bataillon
Qui creuse un plus large sillon
Pour la route, ou qui la nivèle;
Là, c'est un *douair* isolé,
Un petit vallon constellé
De quelques toits inhabitables,
Où, sous des roseaux enlacés,
Vivent pauvrement entassés
Des pâtres de mœurs indomptables.
Traîtres cruels, constamment prêts
Pour le meurtre, dans ces forêts,
Ainsi dans ce taillis déclive,
Chaud versant où mûrit l'olive,
Et que sans peur nous franchissons,
Combien de fois leurs embuscades,
Du sang de nos troupes nomades
Rougirent ces épais buissons,

TROISIÈME PARTIE.

Changés par eux en barricades!

Auprès de ce myrte fleuri
Voyez ce blokhaus, noble abri,
Qui tout seul, et deux ans à peine
Sont écoulés depuis ce jour,
Sut déjouer la rage vaine
De tous les guerriers d'alentour,
De tous les Bédouins de la plaine,
Vil troupeau que devait plus tard
Sous les créneaux de sa muraille,
Avec le feu de sa mitraille,
Foudroyer le brave Peyssard.

Partout enfin mille pensées
Nous sont par les lieux retracées,
Et dans notre esprit enchanté
Versent une douce gaîté;
Gaîté cependant éphémère
Qu'empoisonne une idée amère :
Depuis deux jours, le messager,
Au trajet précis et léger,
Sur cette route fait attendre
Ces missives venant d'Alger

Qu'aucun retard ne doit suspendre ;
Si le paquebot s'égara,
Repoussé par les flots trop rudes,
Infidèle à ses habitudes
S'il n'a pu toucher à Stora,
Quand donc, hélas ! s'accomplira
Notre retour ? L'onde indocile
Va-t-elle, contre-temps trompeur,
Faute de voile ou de vapeur,
Nous parquer dans Philippeville ?

Non, plus d'alarmes ; Dieu merci,
Arrière ce triste souci !
Voyez-vous ces flots de poussière,
Ces spahis, ces mulets ardents
Qui bondissent dans la carrière,
A fond de train, le mors aux dents ?
Rangeons-nous : place à la tempête ;
Place à l'éclair rasant le sol ;
Place à ces pas dont rien n'arrête
La folle course ou mieux le vol.

Stimulés tous par cette joie,
Reprenons notre heureuse voie.

Avant peu nous galoperons
Dans cette féconde vallée,
Sous l'ombrage à demi voilée,
Dans les fertiles environs
De notre ville maritime,
Aux abords riants et fleuris.
Puis, dans un hôtel qu'on estime
A bon droit, l'hôtel de Paris,
Hôtesse aimable et gracieuse,
Table toujours délicieuse,
Sommeil parfait, soins empressés,
Tels qu'en voyage on les envie,
Vont rendre à nos membres lassés
La fraîcheur, la force et la vie.

X.

Echec de Dellys. — Retard du bateau à vapeur. — Les ruines romaines de Philippeville et de Stora. — Le *Ténare* arrive de Bone. — Départ. — Une mer houleuse. — Jigelly. — Bougie. — Le brick perdu. — Récits à bord. — Les feux des bivouacs français. — Dellys et ses blessés. — Une mer calme. — Retour à Alger.

Une triste rumeur circule ce matin :
On dit, et ce malheur n'était que trop certain,
Que, non loin de Dellys, notre vaillante armée,
  Par les Kabyles entamée,
  A vu reculer ses drapeaux ;
Le maréchal, sorti de son trop court repos,
Contre cet ennemi peu digne de sa taille
Lui-même est accouru sur le champ de bataille,

Suivi de prompts secours; aussi bien, leur transport
Et des événements la sévère exigence
Firent que le steamer, malgré sa diligence,
Différa de deux jours son mouillage en ce port.
D'ici, suivant l'usage, il dut cingler vers Bone;
  Revenu, si la mer est bonne,
  Dès l'aube même, après-demain,
Du retour avec nous il prendra le chemin.

  Comment distraire notre attente?
  Deux jours, sur ce bord écarté,
  Devant cette scène inconstante,
Belle, mais triste aussi, par son immensité!
Ces jours, le croirait-on? vont passer comme un rêve.
Et cependant, les eaux mugissant sur la grève,
Les nuages parfois sur la mer abaissés,
Le sifflement du vent qui se déchaîne et gronde,
  Les bonds des chaloupes sur l'onde,
Tout cela nous jetait dans de sombres pensers.
Nous nous disions : Et nous, ballottés par l'orage,
  Il va falloir nous risquer bravement
Sur ce sol onduleux; quelle qu'en soit la rage,
Il faudra le franchir ce perfide élément!
  Mais bientôt toute idée amère

Fuyait ainsi qu'une chimère :
Du colonel les doctes entretiens
Trompaient nos soucis et les siens ;
Ses nombreux souvenirs aidaient notre ignorance
A scruter ce terrain rajeuni par la France ;
Nous aimions, penseurs curieux,
Suivre des temps passés le cours mystérieux,
Surprendre et déchiffrer la ruine gisante,
Chercher *Rusicada* dans la ville naissante.

Voyez-vous, en effet, ici, dans ces jardins,
Ces fûts démantelés, ces portes abattues,
Ces chapiteaux brisés, ces tronçons de statues,
Ce cirque échelonnant ses restes de gradins?
Voyez-vous, suspendus aux fleurons de la pierre,
Ces guirlandes de mousse et ces festons de lierre?
Que de fois, sous ces murs, de superbes Romains
Frémissant de plaisir vinrent battre des mains!
Ailleurs, la mozaïque à peine déformée
Étale devant nous sa splendeur exhumée :
Ou bien, si pour mieux voir, pour dominer de près
Les vallons d'alentour, les profondes forêts,
Nos pas du fort royal dépassent les casernes,
Nous admirons ces immenses citernes,

Ces cuves qui, jadis, sur toute une cité
Versaient à flots pressés la vie et la santé.
Ou bien, gais promeneurs, nous suivrons le rivage,
Avec la mer à droite, à gauche un bois sauvage,
Et, de l'humble Stora visitant le réduit,
Nous y retrouverons, œuvre encor surhumaine,
De vastes réservoirs dont le secret conduit
Y prodiguait l'eau douce à la flotte romaine.

    Enfin est arrivé le jour
  Où nous devons changer notre séjour
      Contre le navire intrépide
  Au cœur de flamme, à la course rapide.
Dès l'aurore, craintifs, non sans quelque raison,
Pour chercher le steamer, le voir dès qu'il arrive,
Nous errons sur les quais, nous sillonnons la rive,
Et nous interrogeons le muet horizon...
Rien ne se montre à nous, si ce n'est, sous la brume,
La vague qui moutonne, et la flaque d'écume
    Qui blanchit la cime des flots ;
    Rien que le canot téméraire,
    Battu par l'aquilon contraire,
Et qui berce au hasard d'imprudents matelots.

Pour la troisième fois, et déjà l'espérance
      S'éteint dans nos cœurs affligés,
Nous regagnons l'hôtel, pensifs, découragés,
De nos vœux redoublés appelant notre France,
      Quand tout à coup un cri joyeux
Ramène vers la mer notre esprit et nos yeux.
C'est lui, dit-on, c'est là sa marche accoutumée,
      Ce sont ses mâts! Voyez-vous sa fumée?
Et nous ne saisissons, à la lueur d'espoir
Qu'accepte avec bonheur notre âme ranimée,
Qu'un atôme visible à peine, qu'un point noir
Que, voisine du ciel, la vague bien lointaine
Tour à tour montre et cache à la vue incertaine.

Et pourtant, ce point noir dans l'espace perdu,
C'est en effet pour nous le sauveur attendu.
Sitôt que du soleil le disque se dévoile,
Et qu'un de ses rayons a coloré la voile,
      Il se développe, il grossit;
Incliné sous le vent, il court, il se rapproche;
Bientôt il jettera ses ancres sous la roche
Qui recouvre Stora; Dieu soit loué! voici
Le terme inespéré de notre long souci.

Maintenant qu'importe
Que la mer soit forte
Et le vent debout?
La vapeur qui bout
Ne craint point l'orage,
Et notre courage,
Tout en le bravant,
Se rira du vent.
Adieu, bords austères,
Rochers solitaires,
Future cité!
A nous la tempête
Que sans doute apprête
Le flot indompté!
A nous, sur les vagues,
Les malaises vagues,
La diète et le thé;
Mais aussi la lame
Qui dit tant à l'âme
Et l'immensité;
Mais, sous les étoiles,
L'ampleur de nos voiles
Et la liberté;
Mais, sur notre voie,

Cette vive joie
Qui suit le retour !
A nous, à leur tour,
D'abord les rivages
Déjà peu sauvages
D'Alger trop soumis,
La riche Marseille,
Lutèce la vieille
Et tous nos amis !

L'heure s'avance : isolés, ou par groupes,
A pied, à cheval, en chaloupes,
Tous ceux que *le Ténare* à son bord logera
S'empressent d'accourir au hameau de Stora.
Captif, au sein d'une mouvante écume,
Le monstre, impatient de motiver son nom,
Allume ses brasiers et sa gueule qui fume ;
Et, pour nous appeler, la voix de son canon,
Ébranlant tout à coup les roches désolées,
Réveille les échos des profondes vallées.

Nous l'abordons, et nos regards surpris
Admirent le colosse aux robustes lambris,
Le pont bardé de fer, et sa vaste dunette,

Des cuivres la splendeur étincelante et nette,
La cabine élégante, aux lits moelleux et doux ;
Et sur l'un d'eux, dressé presque aussitôt pour nous,
Dans un charmant boudoir, souffrante, horizontale,
Son flacon à la main, ma compagne s'installe.

On lève l'ancre ; on part ; on quitte cet abri,
Cette rade peu sûre où *la Marne* a péri.
Le Ténare, malgré son imposante charge,
Glisse sur l'onde amère et vogue vers le large.
Estimable vapeur, sa masse même éteint
Du nauséeux piston le tremblement lointain :
Mais le cri des autans, majestueux langage,
Le tumulte des flots l'un par l'autre brisés,
Impriment à ses flancs, par leur choc maîtrisés,
Et le roulis boiteux et l'onduleux tangage.
Jouet obéissant d'un sol capricieux,
Il descend dans l'abîme, ou monte vers les cieux ;
Au gré de chaque vague, oscillante colline,
Vers l'un ou l'autre bord il retombe, il s'incline.
Et, moteurs impuissants, ses deux ailes de fer
Surnagent tour à tour et ne battent que l'air.
Aussi, dès que j'ai vu disparaître les côtes,
Quand j'ai vu le steamer sur ces vagues si hautes,

Entre le ciel et l'eau, danser si follement,
Étourdi, fatigué de ce balancement,
Je vais, d'un pied tremblant, l'âme peu raffermie,
Oublier sur mon lit ma souffrance endormie.

    Le jour renaît : par la brume affaibli,
Au fond de l'un des plis de la rive africaine,
    Se montre à nous le triste Jigelly.
Voici bien ses rescifs que notre grand Duquesne
Voulait, pour prévenir leur menaçant abord,
En les associant arrondir en un port.
    Evitons-le, ce dangereux mouillage.
    Les flots toujours devant nous bondissant
Mêlent leur blanche écume à celle du sillage
        Que nous dessinons en passant ;
Voguons vers d'autres lieux : avant peu, d'une terre,
    A nos ancres moins réfractaire,
L'attrait consolateur doit suspendre nos pas ;
Nous reverrons Bougie, et là, d'un bon repas
Nous pourrons savourer, défiant l'onde amère,
La douceur chez plus d'un fugitive, éphémère.

Après ce gai festin, poursuivons. Cependant,
    Un assez bizarre incident

Va ralentir notre marche empressée :
Chargé pour nos soldats d'armes et de biscuit,
Un brick, les vents, dit-on, et la mer courroucée
    L'ont égaré pendant la nuit,
N'a pu trouver Dellys; son jeune capitaine
Qu'effraye une recherche à ses yeux peu certaine,
    A notre navire a recours;
    Il demande que *le Ténare*,
    Pour le remorquer, d'une amarre
    Lui prête l'utile secours.

    Bien que ce singulier obstacle
    Dût contrarier notre ardeur,
    C'était un curieux spectacle
Et qui ne manquait pas de charme et de grandeur :
    Nous aimions voir cet acolyte,
    Compagnon pour nous insolite,
    Qui, prenant soin de s'alléger,
Et, de cette façon, voulant nous soulager
    Du fardeau de sa lourde allure,
Avait développé sa nombreuse voilure,
Et voguait inclinant en arrière, en avant,
Ses mâts qui se courbaient sous le souffle du vent.

Aussi, groupés sur la dunette,
Avec bonheur nous arrêtions nos yeux
Sur ce tableau si gracieux ;
Tandis que, promenant une longue lunette
Sur la rive prochaine aux contours dentelés,
Sur ses caps, sur ses monts aux sommets reculés,
Le commandant flattait notre oreille attentive
Par l'un de ces récits dont l'intérêt puissant
Nous émerveille et nous captive.
Il nous conte, exploit tout récent,
Qu'à l'heure où nos troupes de terre
Naguère subissaient cet échec qu'il faut taire
Et que le général par le sort outragé
A plus tard dignement vengé,
Embossé près de ces rivages
Sillonnés de vallons et de ravins sauvages,
Lui-même foudroyait de son feu bien nourri
Les huttes, les douairs, insuffisant abri,
D'où l'ennemi, poussé par de folles cabales,
Ripostait vainement par des grêles de balles.

Ainsi fuyaient nos rapides instants.
Parfois la houle et les autans
Nous forçaient bien encore à chercher pour asile

Cette couche isolée où la douleur s'exile.
Mais quand ce fut le soir, soudain amendement,
Le vent tombe, la mer, par son doux mouvement,
Ne nous imprime plus que ce léger tangage
Qui, libres de soucis, à rêver nous engage;
Sur l'azur miroitant, sur le flot argenté,
La lune vient répandre une pâle clarté,
Et, fascinant mes sens par leur charme indicible,
Les heures de la nuit, à la course insensible,
Me virent bien longtemps, avec félicité,
Aspirer à longs traits leur molle volupté.

Pensif, je contemplais ces arides montagnes,
Où veille en ce moment, sous sa tente, celui
   Qui va dans ces sombres campagnes,
   Sitôt que le jour aura lui,
Avec ses fantassins, ses escadrons mobiles,
Le spahis effréné, le hardi tirailleur,
Le tube aux mille morts qu'allume l'artilleur,
Comme un aigle vengeur, fondre sur les Kabyles.
Je remarque ces feux, bivacs échelonnés,
Où dorment nos soldats épars, disséminés;
  Sur ces versants bientôt ils vont combattre.
En y songeant, grand Dieu! que les cœurs doivent battre!

Non vraiment : la terreur ici n'a point accès.
  Courage donc, jeunes Français !
Et, quand va résonner le signal de la gloire,
  Volez gaîment à la victoire !

  Derrière nous le camp fuit et s'éteint.
Nous marchons, et la nuit s'écoule ; du matin
  La troisième heure a frappé notre oreille,
Quand, aux faibles lueurs d'un phare encor lointain,
  Notre *Ténare* à Dellys qu'il éveille
Par un coup de canon fait savoir son passage.
Le brick, pour accomplir son bien tardif message,
Dégagé du lien à l'avant suspendu,
Va mouiller dans ce port qui l'a trop attendu :
Et voici que vers nous, activé par la rame,
  Un bateau plat vogue en rasant la lame ;
Il verse à notre bord, pêle-mêle entassés,
Le précieux dépôt de soixante blessés.
En même temps, hélas ! ainsi marche le monde,
Du combat d'aujourd'hui voulant avoir sa part,
Le Sphinx, autre vapeur, s'agite, frappe l'onde,
Il a levé son ancre, et le voilà qui part...

  Nous regagnons cette mer que l'aurore

Sous nos regards de ses roses colore;
Et ce n'est plus le terrible élément,
Ce ne sont plus ces flots que tourmente Borée;
C'est un beau lac, immobile, dormant,
Qu'effleure notre nef de sa quille assurée,
C'est un cristal limpide, et qui pour un moment
Fronce derrière nous sa surface azurée.

Ravis de ce coup d'œil vraiment délicieux,
Baignés de cet air pur qu'illuminent les cieux,
Heureux de reconnaître, et la rive fleurie,
Et le cap Matifoux, et jusqu'au moindre trait
De ces tableaux divers, et la ville chérie
Qui, si brillante, reparaît,
Nous sommes, à l'aspect de ce tout fantastique,
Émus d'une joie extatique,
Nous pressons de nos vœux notre vol si léger,
Enfin, midi sonnant, nous rentrons dans Alger.

QUATRIÈME PARTIE

ALGER ET RETOUR EN FRANCE

QUATRIÈME PARTIE.

Alger et Retour en France.

I.

Joies du retour. — Repos. — Promenades dans Alger et hors d'Alger. — Le Boudjaréah. — Les sacrifices au bord de la mer.

Alger, qu'alors notre œil admire
Plus peut-être qu'aux premiers jours,
Était devenu nos amours,
De nos rêves le point de mire,
Le but que réclamait toujours
Le doux élan de nos pensées :
En le retrouvant, dans nos cœurs
S'évanouissent éclipsées

QUATRIÈME PARTIE.

Toutes les peines dépensées ;
Les plaisirs seuls restent vainqueurs.

Livrons-nous donc à cette ivresse.
Pour nous fêter, vers nous s'empresse
Une hospitalière amitié :
Et d'ailleurs ma jeune moitié,
Dont mainte veille et maint orage
Viennent d'éprouver sans pitié
La force d'âme et le courage,
Demande un repos mérité,
L'oubli des tracas, des alarmes,
Et d'un bonheur moins tourmenté
Elle veut savourer les charmes.

Ainsi, d'Alger nous reverrons
Les villas et leurs environs,
Les vallons frais et solitaires ;
La ville arabe et ses mystères,
De leurs détails délicieux,
Enchanteront encor nos yeux ;
Et ma curieuse Sophie,
D'un Maure à qui je la confie
Utilisant l'aimable accueil,

A son tour franchira le seuil
D'une maison riche et choisie,
Où l'époux, dans sa jalousie,
Dérobe aux regards des amants
Ses femmes, parias d'Asie,
Qui ne savent pour poésie,
Pour étude et pour fantaisie,
Que l'amour et les diamants.

Plus tard, et quand nous nous assîmes
Sous les grands arbres de ses cimes,
Que cet aspect nous récréa !
Le sublime Boudjaréah
A nos pieds, sans que nul obstacle
Vienne faire ombre à ces tableaux,
Déroulera, vaste spectacle,
Alger, *le Sahel* [32] et les flots ;
Ou nous verrons ces sacrifices,
Vraiment dignes des temps anciens,
Que, pour chasser les maléfices,
Sans doute à l'instar des païens,
Musulman, Nègre, Israélite,
En certain jour, en certain lieu,
Jour et localité d'élite,

Culte étrange, offrent à leur Dieu.

Sortis à l'heure matinale
Où luit une aurore automnale,
Et, je m'en souviens, le jour dit
Était lui-même un mercredi,
Nous gagnons, le long du rivage,
Voisin de l'hôpital *du Dey*,
Un roc solitaire et sauvage
Au pied duquel le flot grondait.
Là siégeait, ignoble prêtresse,
Une vieille et sale négresse :
Contre la paroi du rocher
Elle avait pris soin d'attacher
Une cire ardente et fumeuse ;
Sur le bord de l'onde écumeuse,
Un brasier qu'animent les vents
Flamboyait, et sur une natte
S'agitaient, fixés par la patte,
Un coq et deux poules vivants.

Alors arrivèrent par troupes
Les Mauresques, bizarres groupes,
Blancs fantômes, comptant leurs pas,

Et la suivante aux noirs appas;
La femme juive qui chatoie
Sous des reflets d'or et de soie;
Le Juif même et le nègre, mais
Peu nombreux, ils ont en partage
D'apporter, en façon de mets,
Fèves, gâteaux, pains et laitage.

Voyez-vous leur dévotion?
Pour commencer l'ablution,
Toute la pieuse assemblée
Va baigner dans l'onde salée
Ses pieds, son visage et ses bras;
Ensuite, en poussant des hélas,
Un cri même assez pitoyable
Pour sans doute effrayer le diable,
Une Juive au milieu des eaux
Jette, ou la dépouille d'oiseaux
Dont sa main arracha la plume,
Ou bien un liquide inconnu,
Et, sans calculer son volume,
Le vase qui l'a contenu.

Suivons ses pas : elle s'approche

De la négresse, et celle-ci
Puise dans le creux de la roche
Une eau fraîche et pure, et voici
Qu'après avoir mouillé sa bouche
De cette eau lustrale que touche
Le bout de ses lèvres, au sein
De ce religieux bassin,
De sa main droite qu'elle penche,
La fille d'Israël épanche
Une autre liqueur, soit du lait,
Soit quelque parfum qui lui plaît;
Tandis qu'en priant, la prêtresse,
D'un air indifférent, se presse
D'éparpiller sur le chemin
Fève ou gâteau, tributs modestes,
Dont elle recueille les restes
Pour son repas du lendemain.

Là n'est point encore finie
L'étonnante cérémonie.
Afin de s'y purifier,
Se dirigeant vers le brasier,
La Juive aux flammes dévorantes
Livre des poudres odorantes,

Et la prêtresse soulevant
Sa cassolette parfumée,
Du nuage de sa fumée,
Et par derrière et par devant,
Entoure la Juive embaumée.
Celle-ci même en ce moment,
Ouvrant son corsage et ses manches,
Expose au feu dévotement
Son sein, ses deux bras et ses hanches;
Et qui plus est, les yeux baissés,
Rougissant, pourquoi? je ne sais,
Jusque sous sa robe réclame
L'encens que dégage la flamme.

Après elle ainsi, tour à tour,
Publiquement et sans détour,
Agit la fervente assistance.
J'oubliais une circonstance :
Parfois, pour mieux fêter les cieux,
Le sang coule aussi dans ces lieux:
On immole un des volatiles;
Aux jours solennels, c'est, dit-on,
Une chèvre même, un mouton.
Et, découvertes bien subtiles,

Témoin de leurs derniers instants,
Dans leurs cadavres palpitants,
Comme autrefois un aruspice,
La négresse lit l'avenir,
Le jour ou néfaste ou propice,
S'il faut qu'un malheur s'accomplisse,
Quand et comment il doit finir.

II.

Apprêts du départ. — *Le Labrador*. — Embarquement. — Départ d'Alger. — Adieux à l'Afrique. — La traversée. — Encore le mal de mer. — La musique à bord. — Le mistral. — Égarement. — Arrivée à Marseille. — Retour à Paris.

———◦◦———

Tandis que dans Alger chacun de nous promène
    Ces doux loisirs de tout une semaine,
        Délassés par ce long retard,
Et pourtant inquiets, nous songeons au départ.
Inquiets, car l'autan a repris son empire,
Le courroux de la mer de jour en jour est pire,
Et cette fois il faut, sans relâche et sans port,
Des flots impétueux subir le rude effort.

Comment franchirons-nous cette inconstante voie?
Quel navire dompteur des vents capricieux
Rassurera du moins nos esprits soucieux?
Tels étaient nos pensers, quand le ciel nous envoie
Du plus sûr des steamers l'asile précieux.
Le Labrador, frégate immense, respectable,
Colosse, par sa taille et par sa majesté,
Si beau, quand on le voit sur la vague intraitable
Braver des aquilons le souffle redouté,
Va partir pour Marseille; il va rendre à la France
Un régiment qu'usa mainte et mainte souffrance,
Ce fier quarante-huitième, à qui près de deux lustres
De marches, de périls sous le ciel africain,
Et ses récents combats sur le sol marocain,
Ont fait un nom célèbre entre les plus illustres.
Certes, je n'eusse pas, pour ma part, aspiré
  A ce navire inespéré;
  Mais une haute bienveillance
  Vient confondre ma prévoyance,
  Nous apprenons qu'avec Dantan
Le chef du *Labrador* près de lui nous attend.

Oh! que ce fut un départ plein de charmes!
Nous laissions, il est vrai, de si braves amis

Qu'en les quittant il était bien permis
D'arroser leurs adieux de généreuses larmes ;
Mais quel bruit dans le port! quel mouvement! que d'armes!
Voyez-vous ce cortége étrange, solennel,
    Ces soldats et leur colonel,
Ces barques, ces chalands qui nagent, qui se pressent,
Vers le pont du vaisseau que d'échelles se dressent,
Quel rapide abordage, et comme ce géant
Absorbe tout ce monde en son gouffre béant,
Et comme dans ses flancs à l'aise, avec bien-être,
Douze cents passagers sont prompts à disparaître?

Aussi bien, calculez quel énorme vaisseau :
    Comparons-lui nos tours de Notre-Dame
    Et couchons-les, à ses côtés, sur l'eau,
Leur front, bien loin d'atteindre à son royal niveau,
Dix mètres en deçà diviserait la lame [55].
Aussi quels mâts hardis! quels robustes pistons!
Quelles ailes de fer! quelle vapeur puissante!
Vapeur telle en effet, si nous la supputons,
Que, pour équilibrer sa vigueur incessante,
Il faut à ce moteur, comme dignes rivaux,
Opposer quatre cents et cinquante chevaux.
Tel est l'hôte superbe à qui nos destinées,

Sans l'ombre d'un péril, vont être abandonnées.

Tous les trois, nous venons de monter à son bord.
  Son commandant, au gracieux abord,
Assignant à chacun sa case respective,
  Au sein d'un ravissant séjour,
Qu'un air pur vivifie et qu'inonde le jour,
S'empresse d'installer ma compagne craintive ;
Près d'elle je pourrai, trop heureux voyageur.
Partager de son lit l'engageante largeur.
Bientôt, dans un salon où brille en abondance
Du luxe de Paris le comfort merveilleux,
L'aimable général qui d'une Providence
Ici joua pour nous le rôle officieux,
Le général Comman, a reçu nos adieux ;
Et nous le voyons fuir, abrités par la tente
Qui couvre la dunette et d'un ciel radieux
Tamise pour nos fronts la chaleur éclatante.

Tout est prêt sur le pont ; neuf heures ont sonné.
Dociles au signal, sitôt qu'il est donné,
Deux actifs matelots tranchent avec la hache
Le chanvre dont le nœud aux rives nous attache ;
Et libre, triomphant, d'un bond majestueux,

Le vaisseau fend des mers le sillon montueux.
En même temps, compagne harmonieuse,
Du régiment qui part la musique joyeuse
Adresse nos saluts à ces lieux enchantés,
Où souvent la reconnaissance,
Des plaisirs par nous récoltés
Devait doubler la jouissance.

Adieu donc, terre que j'aimai !
Alger au rivage embaumé,
Qui le premier nous fis connaître
Les splendeurs d'un ciel d'Orient,
Tout ce que, sur un sol riant,
Un soleil africain fait naître !
Adieu, flèches des minarets,
Dômes arrondis des mosquées,
Murailles de canons flanquées ;
Et toi, coteau tranquille et frais,
Mustapha, dont je vois encore,
Sous le palmier qui les décore,
Au sein des buissons toujours verts.
Serpenter les chemins couverts ;
Et vous tous qui sur notre vie
Venez d'effeuiller en passant

Ce bonheur pur et caressant
Auquel l'amitié nous convie !
Bien loin de vos toits étagés,
Hélas ! nous fuyons dans l'espace ;
Mais vos souvenirs moins légers
Survivront à tout ce qui passe ;
Et déjà nous cherchons en vain
Votre ciel limpide et serein ;
Déjà, sous les ombres jalouses,
S'abîment vallons et pelouses,
Cimes qu'Atlas amoncela,
Terrasses même au vif éclat ;
Adieu, noble terre historique,
Où le poëte aime à songer !
Rives lointaines de l'Afrique,
Versant où disparaît Alger !...

Le steamer cependant, sur l'onde frémissante,
Narguant leur colère impuissante,
Rase les flots, d'un vol précipité.
Par la houle pourtant lui-même ballotté,
Dès que les vents du large et ses vagues sauvages,
Et l'éternel remous d'une mer sans rivages,
Ont asservi sa quille à leur balancement,

Il va, chez presque tous, à leur gaîté restreinte
Substituer le mal, ou pour le moins la crainte,
Et le silencieux et morne abattement.

   Longtemps d'abord avec courage,
Et peut-être séduit par l'attrayant festin,
  Je veux faire face à l'orage,
 Je veux m'asseoir au repas du matin;
Mais du sol remuant l'oscillante cadence,
L'étourdissant aspect de chaque plat qui danse,
Ces cristaux tremblottants qui tournent devant moi,
Tout cela redoublant mon nauséeux émoi
   Et le malaise qui m'obsède,
Devant cet ennemi je recule, je cède;
Et bientôt, sur mon lit tristement exilé,
Auprès de ma compagne avant moi convaincue
   Qui, par un repos calculé,
S'efforce à désarmer le mal qui l'a vaincue,
Je demeure muet et comme elle isolé.

   Ainsi s'écoulent nos journées.
Souvent, pour respirer la fraîcheur de la mer,
  Pour tromper ce vertige amer,
Nous allons, en dépit des vagues obstinées,
Admirer sur le pont le spectacle enchanteur

Du navire bercé par les flots en démence,
De cette solitude autour de nous immense,
Où plane, seul témoin, l'infini créateur;
    Et chaque fois, ces tableaux qu'on regrette
Il faut les fuir, blottis dans notre humble retraite,
Où nous voyons d'ailleurs nos peines, nos soucis,
        Par plus d'un plaisir adoucis.
        Tantôt, distraction charmante,
D'aimables visiteurs autour de nous assis,
        Par leur entrain, par leurs récits,
        Nous font oublier la tourmente;
        Tantôt, à l'heure où des repas
Le pétulant champagne excite les ébats,
La musique guerrière au dehors réunie
Mêle aux cris des autans, contraste plein d'appas,
Concerts d'une puissante et suave harmonie,
Ou les marches de guerre, aux sonores accents,
Ou d'un léger galop les accords bondissants.

Pour la seconde fois la nuit étend ses voiles :
A la vive clarté des brillantes étoiles,
Nous voguons, et le loch qu'emporte le courant
A fourni de dix nœuds le chiffre rassurant ;
Sur la couche mouvante où notre angoisse veille

Nous songeons qu'avant peu nous toucherons Marseille,
Quand soudain, et ce bruit nous a glacés de peur,
La chaudière en sifflant rejette sa vapeur,
Notre piston s'arrête, et la roue inutile
N'ébranle plus les flancs du steamer immobile.
Qu'arrive-t-il? Pourquoi cette pause, ces pas
Des officiers de quart, ces cartes, ces compas,
Ces plans que j'aperçois de ma porte entr'ouverte
Etalés par nos chefs sur une table verte,
Où tous, le front penché, rêveurs, silencieux,
Semblent interroger et la mer et les cieux?
Hélas! tristes jouets de l'élément perfide,
Où donc nous entraînait notre vol trop rapide?
Battus par le mistral, nous voici près du bord
Où Toulon abrité creusa son large port;
De ce fanal trompeur la changeante lumière
Était le feu tournant dont s'illumine Hyère.

L'erreur est reconnue, il faut la réparer :
Il faut contre le vent qui veut nous égarer,
Contre le flot qui gronde, écumeuse barrière,
Qui nous fouette le front et nous chasse en arrière,
Lutter avec effort; du chemin onduleux
Il faut vaincre l'obstacle et les courants houleux.

Matelots ! carguez tous la voile que Borée
Pourrait bien nous ravir meurtrie et déchirée.
Vapeur ! reprends tes droits : ton magique pouvoir
    Est notre force et notre espoir.

Ce dut être une lutte et curieuse et belle,
Un étrange duel et plein de majesté :
Voyez-vous cette mer mugissante et rebelle,
Que l'homme va soumettre en s'appuyant contre elle
De ce sceptre de feu par Fulton inventé ?
Voyez-vous ce combat ? Comme notre carène,
    Tout en voguant sur l'élément dompté,
Achète sa victoire et bondit dans l'arène !
Comme ce flot jaloux, qu'une main souveraine
A courbé sous un joug à regret accepté,
Sur nous, tristes témoins qu'un mal affreux torture,
Venge l'affront que l'homme inflige à la nature !
    Entendez ces cris déchirants ;
Contemplez ces soldats défigurés, souffrants,
Ces officiers qu'on vit de mille funérailles
Affronter sans pâlir les dangers et le deuil,
Tombés là sur ce pont, déplorable coup d'œil,
Où de secrets tourments convulsent leurs entrailles,
Tandis que le marin, sur ces vagues qu'il fend,

Marche la tête haute et d'un pied triomphant.

Mais des longues douleurs voici venir le terme.
Salut, port désiré, sol natal, terre ferme !
Oh ! comme nos regards découragés et las
Aiment ce fort Saint-Jean, ce fort Saint-Nicolas,
Cette opulente enfant de l'antique Phocée !
Comme son air est doux à notre âme affaissée !
Viens, ma Sophie, allons, libre enfin et debout,
Viens de notre Paris savourer l'avant-goût.
A nous d'abord ici l'hôtel où l'on repose,
Où nous ne verrons plus les flots désordonnés
Repousser le sommeil de nos lits inclinés ;
Puis, après le retard de cette courte pause,
A nous le char massif au coursier hennissant,
Et la route solide au sol retentissant,
Et notre grande ville et toutes ses merveilles,
Nos amis, l'humble toit qu'il nous fallut laisser,
Les nombreux souvenirs que je viens d'esquisser
Et qui feront toujours le bonheur de nos veilles.

NOTES

NOTES.

1. De Nègres, Maures et Biskris.

Les indigènes, aujourd'hui encore, se font servir en Algérie par des nègres et des négresses qu'ils achètent. Ces esclaves proviennent, pour la plupart, du commerce des Arabes avec les habitants du grand Désert; ils peuvent s'affranchir à prix d'argent, ou par des services rendus; quelquefois même ils recouvrent leur liberté, à la mort de leur patron, et deviennent citoyens après avoir embrassé l'islamisme. C'est de cette façon que la population nègre s'est établie dans l'intérieur de la régence. Les natifs se distinguent de ceux qui ont été émancipés, à une incision que ces derniers portent sur chaque joue, espèce de tatouage que leur a fait subir le premier marchand entre les mains duquel ils sont tombés.

A Alger, les nègres ont accaparé la profession de boucher, et, par un privilége assez bizarre, ils sont seuls chargés de blanchir à la chaux les murs et les terrasses des maisons. (*Algérie ancienne et moderne*, par Galibert.)

Ajoutons que les nègres partagent aussi les occupations des Biskris, dont nous parlerons tout à l'heure.

Les Maures sont les peuples les plus anciens de l'Afrique ; ils sont presque tous concentrés dans les villes.

Les Biskris, originaires de Biscara, sont les portefaix, les commissionnaires d'Alger, et leur industrie les occupe, tant à l'intérieur de la ville que dans le port lui-même où l'arrivée des navires et leur départ sont pour eux des occasions journalières de bénéfices qu'ils exploitent avec un vif empressement.

Pour en finir tout de suite avec la population algérienne, ajoutons-y :

Les Mozabites, issus d'un district du désert, mais blancs ; en général honnêtes et tranquilles, ils ont encore aujourd'hui le monopole des bains publics ;

Les Kabaïles, ou Kabyles, issus des Berbères, qu'on regarde comme une des races primitives de l'Afrique septentrionale ;

Les Arabes, en petit nombre, descendant des Arabes conquérants ;

Les Juifs, provenant, et de Palestine, à l'époque de la prise de Jérusalem, et surtout d'Espagne, d'où les exilèrent les persécutions qui y suivirent l'expulsion des Maures ;

Enfin les Koulouglis, nés de l'union des Turcs avec les Mauresques. Riches pour la plupart, ils restèrent à Alger quand les Turcs et les janissaires en furent chassés par les Français. (*Loc. cit. passim.*)

2. Le Juif dont le costume aime la couleur sombre.

Sous la domination turque, les Juifs, opprimés de toute façon, furent contraints de porter des habits d'une couleur sombre ; et ils en ont conservé l'habitude.

---

3. Les plis de son burnous sur le haïck drapés.

Le haïck est une partie du costume arabe, qui, placée sous le burnous, enveloppe le corps presque entièrement et recouvre même une portion de la tête, fixé autour d'elle chez les Arabes de la plaine par une corde en poil de chameau.

---

4. Et sa mère que coiffe un conique *sarmah*.

Le *sarmah*, que les juives mariées ont seules le droit de porter, consiste en un cône de laiton d'une longueur démesurée, adapté presque horizontalement à la partie postérieure de la tête. Cette coiffure, ou du moins une coiffure analogue, fut en usage en France au moyen âge.

---

5. Un bâton à la main, l'actif *bourricotier*.

L'étroitesse des rues d'Alger est telle que tous les transports s'y font nécessairement à dos d'âne, et les ânes algériens sont remarquables eux-mêmes par leur singulière petitesse. L'état de *bourricotier* (expression créée sans doute par nos colons) est, je pense, un des plus lucratifs de la classe inférieure des indigènes.

---

6. Chasse en criant *baleck* un long cortége d'ânes.

Baleck, et quelquefois *guarda*, sont les analogues de notre mot *gare*.

---

7. Adressent les muezzins aux croyants d'alentour.

Le muezzin appelle à la prière du haut du minaret; l'iman récite les prières dans les mosquées; le muphti est le docteur de la loi.

---

8. Les prières du Rhamadan.

On sait que le Rhamadan est le carême des musulmans, et ce carême est observé généralement avec une religieuse ponctualité. Les musulmans ne mangent et ne fument qu'après le coucher du soleil, que leur annonce, à Alger, un coup de canon. Chaque soir, ils se rendent en foule dans les mosquées, et les chants nocturnes des muezzins sont eux-mêmes beaucoup plus prolongés et plus solennels.

---

9. Que le danseur napolitain.

Tout le monde connaît le charmant bronze de Duret, placé aujourd'hui dans notre musée du Luxembourg.

---

10. Scheicks, Kaïds, Kalifats, tous les chefs vénérés.

Le Scheik est à peu près l'analogue d'un capitaine; le Kaïd, d'un commandant; le Kalifat, d'un général.

---

11. Que le *goum* indigène a tracés dans la plaine.

On nomme *goum* une troupe nombreuse de cavaliers indigènes.

---

12. La *fantasiah* qui commence.

Ici, *fantasiah* signifie petite guerre. Dérivé du mot grec φαντάζω (de φαίνω, je brille), ce mot est appliqué par les Arabes et même par les colons, qui l'ont adopté, à tout ce qui tend à jeter de l'éclat. Ce cheval caracole : *fantasiah* ; cette femme se fait remarquer par sa coquetterie : *fantasiah*, etc.

---

13. Là l'intrépide Yusuf, comme un heureux aga.

L'aga, ou agha, était à peu près un gouverneur de province.

---

14. Du jour où successeur d'un tyran exécrable.

Ali-Khodja, prédécesseur d'Hussein, fut un monstre. Il fit tomber plus de quinze cents têtes pendant les quelques mois que dura son règne. Ce fut lui qui le premier s'installa dans la Kasbah.

---

15. Hussein vint se blottir au fond de la Kasbah.

Kasbah, en arabe, signifie forteresse.

---

16. Enfin, tribut honteux versé par les deux mondes.

Les tributs dont l'Europe a été affranchie par la conquête d'Alger montaient à 550,000 francs : ils étaient payés par le royaume de Naples, par la Suède, le Danemark et le

Portugal. Le prix de nos concessions d'Afrique, fixé par les traités à 60,000 francs, avait été arbitrairement élevé à 200,000. Enfin, en portant le montant des autres impôts, fermes, amendes, ou monopoles à 800,000 francs, on arrive à un total de 2,950,000 fr., chiffre qui paraît être l'évaluation la plus exacte, non des sommes invariablement reçues, mais de celles qui le furent dans les dernières années. Dans ces chiffres ne figure pas le produit des prises, dont le gouvernement avait un huitième. (*Loc. cit*, p. 340.)

---

17. Le *Sultan-Calassy*, le fort de l'Empereur.

Le fort de l'Empereur, appelé par les Algériens *Sultan-Calassy*, fut élevé par le dey Hassan, en 1541, après la retraite des Espagnols, sur le monticule où Charles-Quint avait établi son camp. Son nom lui fut donné sans doute en commémoration de la victoire remportée sur l'empereur chrétien.

---

18. Autour de l'*asisbah*, sa coiffure de fête.

Cette coiffure consiste en un foulard disposé en cône presque vertical.

---

19. Ces *gourbys* dont les noires voûtes.

Le *gourby* est une sorte de tente arabe.

La réunion de plusieurs *gourbys* compose un ***douar*** ou ***douair***.

Plusieurs *douars* forment une *tribu*.

Plusieurs tribus constituaient autrefois un *outhan*.

---

20. C'est le Turc, piéton recrépi.

Les Turcs restés sur le sol africain demandèrent à servir dans nos rangs. On en fit un corps spécial qu'on nomme *les tirailleurs indigènes*, et quelquefois familièrement *les Turcos*.

---

21. Dire les chants d'amour dictés par Radoudja.

Radoudja, ma maîtresse,
Que j'aime les yeux! etc.

chanson française généralement connue dans l'armée d'Afrique, et inspirée à l'un de nos officiers par un chant arabe assez remarquable.

---

22. Vint s'asseoir triomphant sur ses murs abattus.

Quelques géographes ont pensé que les Juifs qui habitent l'Algérie sont tous sortis de la Palestine, après la destruction de Jérusalem. Nul doute, en effet, qu'après la dispersion quelques Juifs ne se soient dirigés vers l'Afrique septentrionale; mais la plupart de ceux qu'on rencontre aujourd'hui en Algérie descendent des fugitifs qu'y envoya la persécution espagnole quelque temps après l'expulsion des Maures. (Voy. *Algérie anc. et mod.*, p. 350.)

Ce qu'il y a de bien remarquable, c'est que, malgré les persécutions de toute espèce auxquelles les Juifs furent soumis sous les Turcs, ils ont conservé leurs usages religieux et autres avec une fidélité et une persistance telles que l'observance de ces coutumes diverses est certainement pour le voyageur une source d'études pleines d'intérêt.

---

23. Où riait *Garagous*, où dansent les almées.

Garagous est le polichinelle des Arabes. Ses excentricités peu morales ont été interdites par les Français depuis quelques années.

Les danses des Mauresques ont lieu surtout après le rhamadan, à l'époque où nous fîmes le voyage de Constantine.

---

24. Promontoire avancé, la pointe Matifoux.

Le cap Matifoux est le rocher de Cancale des habitants d'Alger, avec cette différence que les huîtres du cap Matifoux valent, ou du moins étaient payées lors de mon séjour à Alger, deux francs la douzaine : avis aux amateurs.

25.

25. Au pied d'un mont abrupt, nous découvrons Dellys.

Dellys (*Taddel* des Arabes, *Saldæ* des Romains), petite ville à 80 kilomètres d'Alger, soumise en 1837. On se rappelle l'insurrection qui éclata en septembre 1844, aux environs de Dellys. Cette insurrection fut châtiée d'abord par le général Comman, puis par le maréchal lui-même. Nous en reparlerons en revenant de Constantine.

---

26. Quand nous voyons apparaître Bougie.

Bougie, située au bord de la mer, sur le flanc méridional du Gouraya, montagne escarpée et haute de 670 mètres, offre un aspect des plus pittoresques. Ses maisons plates et carrées semblent former les gradins d'un vaste amphithéâtre entouré d'orangers, de grenadiers et de figuiers de Barbarie. De nombreuses ruines attestent l'ancienne importance et l'antiquité de Bougie, qui se nommait, suivant quelques géographes, *Baga* ou *Vaga*. L'enceinte romaine y est encore reconnaissable; on y retrouve aussi l'enceinte sarrasine, remontant sans doute à 987. C'est une muraille flanquée de tours s'étendant le long du rivage, embrassant la rade et remontant de chaque côté de la ville jusqu'au sommet de la montagne. Un arceau en ogive, resté debout, et qui paraît en avoir fait partie, sert aujourd'hui de portique au débarcadère. Occupée par Genséric au ve siècle, par les Arabes en 708, par les diverses dynasties musulmanes qui se succédèrent en Afrique, puis par les Espagnols, de 1509 jusqu'en 1555, Bougie atteignit, sous cette dernière domination, son plus haut degré de prospérité, et depuis lors elle ne fit que décliner de jour en jour. Les travaux exécutés par les Espagnols y subsistent encore : ce sont le fort Moussa, dû à Pierre de Navarre, et la kasbah, commencée par Ferdinand-le-Catholique et terminée par Charles-Quint. (Voy. *Algérie pittoresque*, p. 420 et suiv.)

---

27. Au sein de Jigelly notre steamer dépose.

Jigelly, ou Djidgeli, *Igilgilis* des Romains, est à 48 kilomètres environ de Bougie.

L'ancienne *Igilgilis* était une ville épiscopale traversée par plusieurs grandes voies qui conduisaient à Bougie, à Sétif, à Constantine, à Hippone, et que l'empereur Auguste éleva au rang de colonie romaine. Lors de l'invasion arabe, elle repoussa de son mieux les conquérants, et plus tard elle défendit avec succès son indépendance contre les souverains de Tunis et de Bougie. Aux xve et xvie siècles, c'était une ville commerçante qui entretenait des rapports suivis avec Marseille, Gênes, Livourne et Venise. En 1664, Louis XIV voulant fonder un nouvel établissement en Afrique, une flotte française attaqua Jigelly et s'en empara. Mais bientôt la division qui éclata entre les chefs de l'armée, la faiblesse des ressources qui avaient été mises à leur disposition, enfin la négligence que l'on apporta à fortifier la place, obligèrent la France à renoncer à cette conquête, qu'elle ne conserva ainsi que quelques mois. Depuis lors, le commerce de Jigelly avec l'Europe ne s'est pas rétabli. En 1839, quand Jigelly tomba de nouveau en notre pouvoir, ce n'était qu'un misérable village, sans autre importance que sa position et un petit fort qui en commande le double mouillage. (*Algérie pittoresque*, p. 506 et *passim*.)

28. A l'antique Rusicada.

Philippeville, placée au centre d'un golfe de plusieurs myriamètres, entourée de rochers élevés à pic sur le bord de la mer et de terres cultivables, vers l'embouchure du Safsaf, occupe l'emplacement de l'ancienne *Rusicada*. L'histoire ne parle pas de la ville romaine, qui pourtant a dû être très-étendue et très-peuplée. L'aspect du sol et l'état des ruines peuvent faire présumer qu'elle a été renversée par une violente commotion, car rien n'est resté debout. Néanmoins, tout y indique la résidence d'un grand peuple : ainsi, un cirque où pouvaient s'asseoir six mille spectateurs, des statues, des vases, des inscriptions annonçant que Vénus y était l'objet d'un culte particulier, des arènes avec des voûtes à demi écroulées, d'immenses citernes qui semblent avoir été de grands réservoirs, soit pour la distribution des eaux, soit pour alimenter des bains, les bases d'un immense quai rongées par les flots, etc.

Rusicada, en 1838, n'offrait qu'un amas de pierres recouvertes en majeure partie de plusieurs couches de terre. Quand le général Galbois vint alors en prendre possession, les indigènes occupaient trente mauvaises chaumières dont ils furent expropriés, de leur plein gré, moyennant 360 fr. Depuis lors, les progrès de Philippeville tiennent du prodige, et tout promet à cette colonie un bel avenir. (*Algérie pittoresque*, p. 559.)

J'ai été frappé, à Philippeville, plus peut-être que partout ailleurs, de la physionomie fiévreuse de nos colons; et, en effet, les fièvres intermittentes y sont encore assez communes pour que, des trois pharmaciens établis à Philippeville, les deux plus occupés ne débitent pas moins de trois kilogrammes chacun de sulfate de quinine par année. Ces fièvres sont le résultat, sans doute inévitable, des premières fouilles pratiquées au sein d'une terre laissée sans usage pendant une longue suite d'années. On conçoit que les innombrables successions de matières végétales et animales décomposées à la surface de ces terres abandonnées doivent, quand l'agriculture vient à s'en emparer de nouveau, dégager une ample quantité d'émanations malsaines, analogues, sinon identiques, aux effluves marécageuses. Mais on conçoit aussi que ces émanations doivent s'épuiser et les terrains être plus ou moins promptement assainis. Sous ce rapport, la culture doit mettre elle-même un terme aux maux que ses premières approches ont pu occasionner.

---

29. *Suave mari magno....* vers que le souvenir.

Suave mari magno, turbantibus æquora ventis,
E terrâ, magnum alterius spectare laborem;
Non quia vexari quemquam est jucunda voluptas;
Sed quibus ipse malis careas quia cernere suave est.

(LUCRET., *De rerum naturâ*, lib. II.)

30. Dont les douairs, à la vue étonnée.

Voy. la note 19.

---

31. Malgré les *baleck*, le passant

Voy. la note 6.

---

32. Alger, *le Sahel* et les flots.

Le Sahel est la partie du littoral et de la plaine qui avoisine Alger.

---

33. Dix mètres en deçà diviserait la lame.

La longueur du *Labrador* est de 76 à 77 mètres. La hauteur de la balustrade des tours Notre-Dame, d'après l'Annuaire du bureau des longitudes, est de 66 mètres.

FIN DES NOTES.

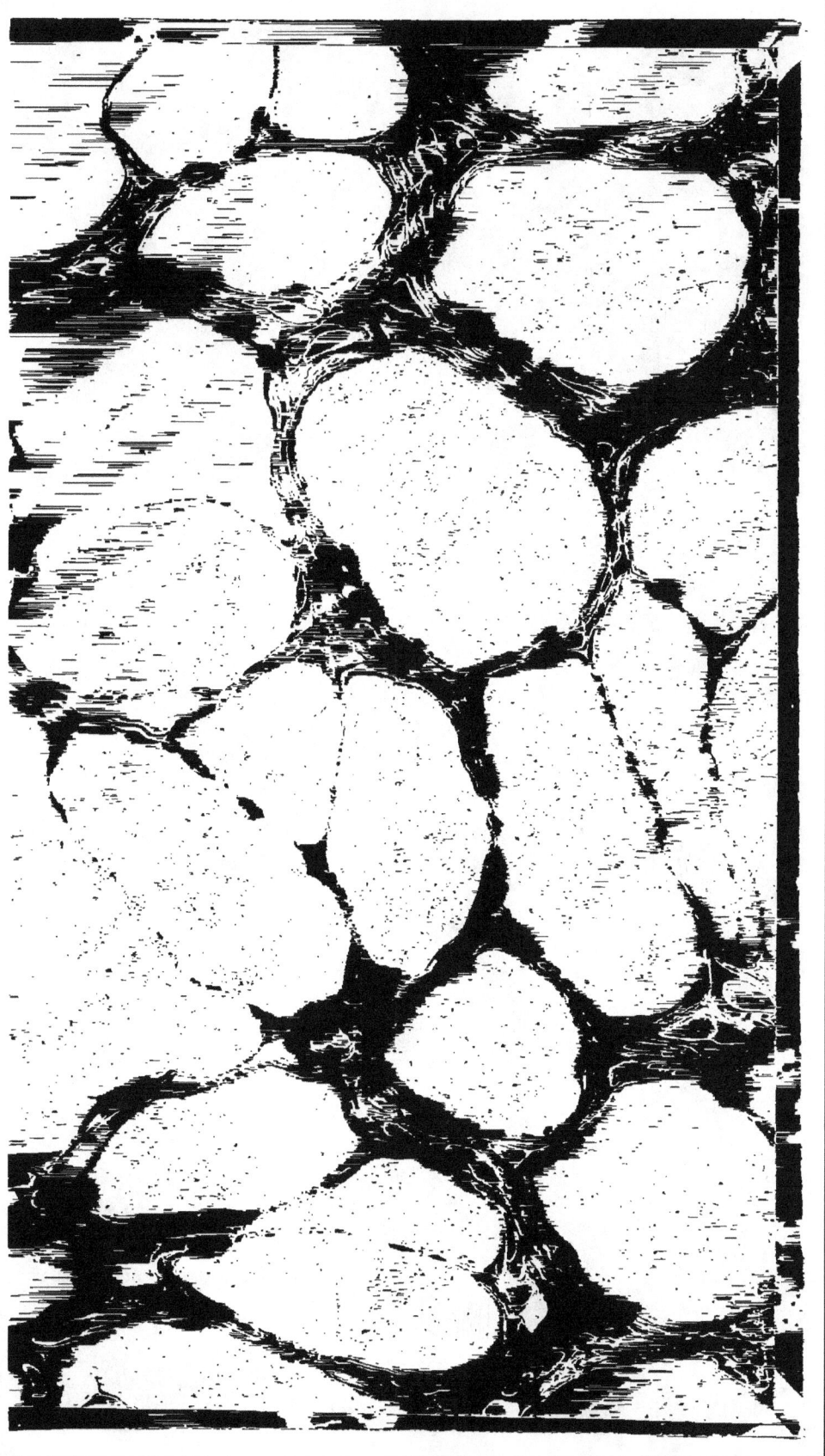

www.ingramcontent.com/pod-product-compliance
Lightning Source LLC
Chambersburg PA
CBHW071346150426
43191CB00007B/865